고양이 왕

채희철

초롬, 밤비, 태양, 샤샤,
단풍, 초달, 놀, 밍키.
나와 함께한 고양이들이 없었다면
이 이상한 책은 나올 수 없었을 것이다.
아이들은 내 인생 가장 큰 선물이자
변함없는 축복이고 영원한 사랑이다.

차 례

들어가는 말 _생의 논리

이 글은 지난 20여 년간 고양이들과 함께 살면서 겪은 경험의 산물이다. 그동안 나는 전부 여덟 마리의 고양이를 반려묘로 받아들여 살았다. 현재 그중 넷을 떠나보냈고 남은 넷과 살고 있다. 나이가 제일 많은 고양이가 2023년에 스무 살이 되었다. 이 책의 글들은 이 아이들이 없었다면 쓰여지지 않았을 것이다. 이 책은 길고양이 사회에 대한 이야기다. 그들에 대한 내 경험과 관찰을 바탕으로 한다. 나와 함께 사는 집고양이로서 나의 아이들은 내가 밖에서 겪은 경험과 관찰의 내용을 언제나 수정해주는 훌륭한 역할을 했다. 나는 집에 있는 아이들을 보면서 길에서 사는 아이들을 생각했고, 길에서 만난 아이들을 보면서 집에 있는 아이들을 생각했다.

이 책을 접한 독자들은 당황할 것 같다. 철학 에세이? 사회학 에세이? 동물학 에세이? 무엇으로 분류할 수 있을지 나조차도 잘 모르겠다. 이 책은 고양이를 키우기 위해 종의 특징을 연구한 자료를 제공하는 책도 아니며, 고양이를 의인화한 이야기도 아니다. 그렇다고 본격적인 고양이 행동학에 관한 것도 아니다. 인류학의 고양이 버전인 것도 아니다. 집고양이와 길고양이에 대한 경험적 관찰을 바탕으로 한, 일종의 고양이 사회학 에세이에 가까울 것이다. 하지만 나로서는 이 책을 소설이라고 주장하고 싶다. 소설은 존재하는 진리나 사실을 설명하는 것도 아니고, 현실을 고발하는 것도, 심지어 진실을 고백하는 것도 아니다. 소설은 그럴 법한 혹은 있을 법한, 어딘가에는 반드시 있는 삶을 창조해내는 것이다.

나는 이 책을 통해 인간 곁에서 살고 있지만 우리 인간 사회와는 다른 시스템을 갖는 고양이 사회의 윤곽을 그려내고 그를 바탕으로 고양이의 삶을 창조해내고 싶었다. 지금 여기의 인간 삶과는 매우 다르게 살아가는 고양이의 삶에서 인간 삶의 비전을 찾을 수 있지 않을까 생각해서다. 그것은 부족 사회에서 인간 사회 구성의 열쇠를 찾고자 하는 한편, 부족 사회에서 인간 사회의 미래 비전을 찾고자 밀림 속으로 들어간 인류학자의 동기와 비슷한 것이다. 이 책을 쓰는 내내 나는 약간 인류학자가 된 기분으로 살았다. 그런 점에서 〈고양이 왕〉은 내게 큰 도전이었다.

이 책은 〈고양이 왕〉이라는 우화로부터 1부를 시작한다. 현대 인간 사회를 이해하는 결정적인 요소가 '국가'라면, 내가 경험하고 관찰한 바에 따르면 고양이 사회를 이해하는 결정적인 요소는 고양이 '왕'이다. 여기서 왕은 국가도 아니고 체계도 아니다. 고양이 왕은 생(生)의 논리의 극한이다. 생의 논리란 고양이의 DNA에 새겨진 기계적 코드와 그것이 환경과 충돌하면서 발생하게 되는 조응, 대결, 변이의 논리를 말한다.

조르주 바타이유는 인간 삶을 지배하는 최고의 힘을 주권(Souveraineté)으로 정의했다. 여기서 주권은 더 큰 지식을 얻기 위해 지식을 버리는 상태인 비지(非知), 죽음도 불사하며 자기 자신을 내던지는 제의적 행위, 모든 힘과 의미가 소진되어 마침내 무의미, 비존재에 도달할 때까지 에너지의 전력 투구, 위반의 논리와 같은 것이다.

바타이유 자신은 물론, 그를 연구하는 많은 이는 그것을 죽음의 논리라 생각했다. 그러나 내가 보기에 그것은 생의 논리다. 나에게 삶을 지배하는 최고의 힘으로서의 주권은 생의 논리다. 생의 논리는 기계적이므로 비지이고,

불가항력적이다. 생의 논리는 유전자가 환경과의 대결에서 취하는 집단적 과정이므로 초개체적이며, 섹스와 감염을 통한 변이의 전파를 향해 나아간다는 점에서 위반이다. 그리고 이것은 생이 소진될 때까지 계속된다. 우리의 힘이 비존재의 에너지가 될 때까지. 비국가로서의 왕은 바로 이 주권으로서의 생의 논리를 대변하는 것이다. 고양이 왕은 고양이들의 생의 논리, 주권을 상징한다.

이 책 전체를 통해 독자들에게 전달하고자 한 메시지가 있다면 바로 생의 논리다. 모든 지식은 생의 논리 앞에 무릎 꿇어야 한다. 생의 논리야말로 삶을 지배하는 최고권이 되어야 한다. 이 주권은 진화 외에 다른 것을 알지 못한다. 혁명은 진보를 겨냥하지 않고 진화를 겨냥하며, 혁명의 근본 문제는 국가가 아니라 국가 안에 도사리고 있는 삶의 왕이다. 〈고양이 왕〉에서 왕은 앞서 말했듯이 생의 주권, 최고권을 말하는 것이지만, 국가 사회와 대비되는 것으로써의 연맹 사회 혹은 결연 사회로써의 왕 개념 자체는 〈노란 옷의 왕〉[1]에서 영감을 받은 것이다.

바타이유와 마찬가지로 로버트 체임버스는 이 책의

---

1) Robert William Chambers, <The King in Yellow>(published in 1895). [국역본] 로버트 W. 체임버스, 앰브로즈 비어스, <노란 옷 왕 단편선>(공진호 옮김, 아티초크, 2014)

기획에 가장 큰 아이디어를 줬지만 정작 본문에서는 한 번도 언급되지 않았다. 1895년 체임버스가 쓴 이 소설에서 내게 흥미로웠던 것은 '명예회복 해결사'라는 직업과 명예를 빚진 자들의 부채 장부와 얽힌 비밀 사회의 존재였다. 이 비밀 사회는 국가 안에 있으며, 국정 화폐를 사용하지만 정작 국가와는 아무런 상관없이 '노란 옷 왕'의 존재를 중심으로 한 비밀 결사 조직인 것처럼 그려진다. 소설은 외양적으로는 왕위를 계승하려는 주인공의 정신 나간 헛소리로 가득하지만 노란 옷 왕의 존재가 구체적으로 무엇인지, 이 밀교주의가 무엇을 목적으로 하는지에 대해선 일체의 언급이 없다. 다만 명예-부채 장부-왕이라는 일종의 부채 회계 흐름의 배치가 만들어 내는 구성만 있다. 이것은 내게 자본주의 사회에서 생산-세금-국가라는 부채 회계 흐름을 떠올리게 했다.

들뢰즈와 가타리는 원시 야생의 사회, 전제군주 사회, 자본주의 문명 사회로 이어지는 역사를 탐구하면서 각 사회가 갖는 저마다의 독특한 부채 양식을 분석했다. 아버지와 아들 간의 상속을 통한 부채적 결속이 있고, 이것이 부자 결연을 만든다. 이 부자 결연을 동력으로 생산하는 가부장적 부족 사회가 있다. 마찬가지로 군주와 백성 사이의 지배권과 주권적 양도로 이뤄진 부채 결속이 있고, 이를 기반으로 의무 노동을 동원하는 방식으로 생산력을 높이는 군주제 사회가 있으며, 화폐적 부채 결속과 그것을 동력 삼아 산업적 생산을 추진하는 현대 금융 사회도 있다. 어떤 의미에서 사회의 변화는 지배적인 부채 양식의 변화라고도 볼 수 있으며, 한 사회의 쇠퇴는 채무 지불 유예 혹은 지급 정지, 부채 사슬의 기능 정지, 부채 양식의 쇠퇴 등을 암시한다고 볼 수 있다. 또한 사회적 갈등과 긴장의 고조는 지배적 부채 양식을 대체하려는 새로운 부채 양식의 등장을 알리는 전조일 수 있다.

부채 양식은 우리가 사는 세상의 모습을 인식하게 하고, 우리가 서로 어떻게 연결되었는지를 알려주는 지식 정보이자 기호화 체계이며, 우리가 그 지식을 마치 생득적이었던 것처럼 정신적으로나 감정적으로 반복적으로 실행하면서 부채를 재생산한다는 점에서 주체화 양식이다. 즉, 사람들을 영토에 붙들어 매고 소속감이나 집단성을 갖게 하는 것은 부채다. 〈노란 옷 왕〉에서 밀교적 비밀 사회는 국가가 취하는 부채 양식과는 다른, '명예'라는 생소한 부채를 양식화한다. 이를 통해 국가와는 관련 없는 독립된 사회를 유지해 나간다.

나는 이 아이디어를 고양이 사회에 적용해보고 싶었다. 고양이는 인간 사회와 다른 독립 사회를 구성하고 유지해간다. 고양이들의 결사를 조직하는 것으로써 부채는 무엇일까? 물론 이 책에서는 부채 사회학을 자세히 다루지 않는다. 다만 고양이 왕에게서 고양이 일반에게 삶의 부채를 안기는 것으로써 그런 고양이 왕의 모습을 그리고 싶었다.

2부에서는 고양이 사회의 상징계를 이해하기 위한 기본적인 개념들을 다룬다. 어떤 이들은 동물의 권리를 주장하는 이들에게 "당신은 어떻게 동물을 안다고 자신하는 것이며, 어떻게 동물을 대신해 권리를 주장하는 것이오?"라고 말한다. 나는 이렇게 답할 수밖에 없다. "그 무엇보다 내가 동물이므로 동물을 잘 알지요. 나는 동물을 대신하지 않고 동물로서 나의 권리를 말하는 것뿐입니다." 내 대답은 묻는 이에게 격분을 일으키는 듯하다. 그렇지만 나는 동물로서 갖는 생의 논리야말로 우리 인간을 지배하는 최고권 즉, 주권이라고 생각한다. 2부는 인간이 동물로서 갖는 생의 논리를 고양이를 통해 고찰해보는 것이다.

2부에 등장하는 '대지'와 '등록'과 '표시', '전쟁 기계', '지도 제작' 등의 개념은 들뢰즈와 가타리의 저작에서 따온 것들이다. 그래서 어떻게 보면 들뢰즈와 가타리의 철학 개념을 이해하고 그것을 현실에 적용시켜 보는 새로운 접근법으로써 인문학 독자들에게 흥미를 끌지도 모르겠다. 들뢰즈와 가타리가 인간 사회를 이해하기 위해 시도해본 것을 나는 고양이 사회를 이해하기 위해 시도했다고 할 수 있다. 그렇게 해서 낯설고 어렵게 느껴지던 들뢰즈와 가타리의 철학적 개념들을 보다 명징하고 구체적으로 이해할 수 있게 된 것은 일종의 보너스였다. 2부에서 내가 주장하고 싶었던 것이 있다면 다르게 살기 그 자체가 생의 논리이며, 혁명이건 예술이건 그것은 무슨 목적성을 갖는 행동이기보다 생리라는 것이다.

3부는 1부와 2부의 내용을 총괄하는 것으로, 한마디로 표현하면 누구와 어떻게 섹스하고 결국 무엇을 낳을 것인가의 문제를 다루고 있다. 3부를 쓰게 된 배경을 덧붙이자면, 글을 쓰기 전에 반려견과의 섹스 욕망을 다룬 책이 출간되었다가 여론의 뭇매를 맞고 소리소문없이 사라진 사건을 본 적이 있었다. 2018년에 출판된 〈페미니스트와 반려견의 안전한 성〉을 말한다. 이 사건에 대한 정보를 모르는 이들은 인터넷(나무위키 등)에서 내용을 참조할 수 있다. 그러나 나는 이 사건의 진위에 대한 관심은 없다. 내게 그 사소한 사건은 이종 간 사랑과 섹스에 대해 이 사회가 어떻게 반응하는지를 볼 수 있는 계기가 되었다.

사람들은 수간(獸姦)을 금지해야 한다고 생각한다. 수간을 동물에 대한 존중의 결여, 동물에 대한 성 착취의 문제로 보아 강력한 처벌을 요구하는 주장도 있다. 일부는 수간을 이상성애라고 생각한다. 또 일부는 수간은 아예 존재하지 않는다고 믿는다. 결국 이런 관점의 다름은 섹스를 무엇으로 생각하는가에 대한 생각 차이에 달려 있다. 가령, 반려인의 성욕을 해소하기 위해 반려견의 몸을 이용하는 행위는 금지되어야 하는가? 반대로 사랑하는 반려견이 발정 났을 때 성욕을 해소하기 위해 반려인이 도구나 몸을 사용하는 행위는 수간인가?

고마츠 나나가 주연한 일본 영화 '사랑하는 기생충'(2021)에는 몸속의 기생충이 상대방 몸속의 기생충에 이끌려서 숙주들이 서로 사랑하는 사이가 되는 이야기가 나온다. 영화에서 두 주인공은 서로의 몸에서 기생충을 제거하는 것에 저항한다. 남자는 여자 몸에서 기생충을 제거하면 여자가 더 이상 자신을 사랑하지 않을 것이라 생각한다. 남자는 여자를 사랑하는 것인가? 여자 몸속의 기생충을 사랑하는 것인가? 그건 여자도 마찬가지다. 그래서 각자 자신만큼은 여전히 상대를 사랑하므로 기생충을 제거하지 않으려 한다. 이때 사랑과 섹스의 주체는 기생충인가? 숙주인가? 숙주인 사람의 섹스가 어떤 행위인지에 대한 그

림은 비교적 명확히 떠오른다. 그러나 기생충의 섹스란 어떤 것인가?

어떤 행위를 그와 비슷한 행위로부터 구분하고, 분류해내고, 새롭게 정의하고, 그것을 금지시키는 것에 이르기까지는 고도의 철학적, 윤리적 난제를 포함한다. 종교적 교리를 제외하면, 우리 사회는 이 문제에 대해 명확한 방향과 답을 가지고 있지 않다. 우리는 이제 동물 해방으로부터 동물, 인공지능 로봇, 외계인과의 이종 간 사랑과 섹스를 본격적으로 다뤄야 할 시대에 도착했다.

3부의 내용은 이종 간 섹스를 직접적으로 다루지는 않는다. 나는 이종 간 섹스 그 자체를 논하기보다 문제를 우회하기로 했다. 내게는 섹스보다 결국은 무엇을 낳을 것인가의 문제가 더 핵심적으로 보였다. 고양이와 내가 함께 어우러져 무언가를 낳는다면 그것은 이미 이종 간 섹스를 함의하는 것이 된다. 출산의 관점에서 보자면 섹스는 인구 증식을 하는 섹스와 그렇지 않은 섹스가 있다. 사람들은 인구 증식에 기여하는 섹스를 본능적이고 자연적인 섹스로 여긴다. 동성이나 이종 간 섹스는 인구에 기여하지 않으므로 인간이 자연적으로 피하게끔 설계되었다고 생각한다.

나는 3부에서 이런 생각과는 반대로 인구에 기여하지 않는 섹스를 옹호한다. 나는 같은 습관과 관습을 가진 인구의 재생산이 아닌 사회적 변종을 낳는 섹스에 대해 말하고자 했다. 인구 절멸의 이 섹스야말로 인구 과중으로 고통받는 지구 생태계의 위기에 반응하고, 대응하는 유일한 윤리적 섹스라고 생각한다.

고양이 왕
_ 우화

등록된 고양이

길에서 고양이 왕을 만나게 되는 일은 흔치 않다. 길고양이들에게 밥을 주다 고양이 왕을 보게 되는 경우는 극히 드물며 대개의 경우 실제 관찰되는 동네의 길고양이들 사이에서는 고양이 왕이 없기 때문이다. 어떤 고양이가 고양이 왕인지 아닌지를 알려면 주변의 길고양이들과 상당한 유대 관계를 쌓고 장시간 그들을 관찰해야 알 수 있다.

고양이 왕은 무리와 일정한 거리를 두고 떨어져 있는 경우가 많으며 그가 움직이면 주위의 공기가 변한다. 다른 고양이들이 그에게 접근하는 경우는 거의 없으며 대부분 고양이 왕이 다른 고양이들에게 접근한다. 길고양이에게 먹이를 줄 때 제일 먼저 달려오는 고양이는 고양이 왕이 아니다. 고양이 왕은 인간이 먹이를 줄 때 조금 떨어져서 인간을 예의 주시하고 관찰하는 경우가 더 많다. 고양이 왕은 다른 길고양이들과 먹이를 두고 경쟁하거나 다투는 경우가 없다. 고양이 왕은 식욕이 없는 것처럼 보이거나 먹이에 초탈한 듯한 태도를 보일 때가 더 많다.

고양이 왕이 인간을 경계하는 듯 보이지만 다른 길고양이보다 더 경계하는 것은 아니다. 그는 길을 걸을 때 느긋하며, 겉보기에도 '이 구역은 내 것이다'는 자신감에 차서 당당하다. 고양이 왕은 다른 고양이에 비해 몸집이 크고 왕으로서의 고고함은 있을지언정 그렇다고 귀태가 흐르지는 않는다. 오히려 꾀죄죄하고 푸석푸석해 보인다. 얼굴과 신체의 부분 부분에는 도전자들과의 전쟁에서 얻은 영광의 상처들이 별처럼 빛난다. 그의 행색은 오랫동안 여행을 하고 있는 방랑자처럼 보이며 동냥하는 걸인과도 같은 행색이다. 그럼에도 그의 권위와 아우라가 자연스럽게 길 위를 장악하고 있다는 느낌을 받게 되는데, 그 이유는 당당한 기세 때문이다.

고양이 왕이 길 위에 등장하면 다른 길고양이들은 그

를 경외심과 두려움으로 대한다. 길고양이들은 고양이 왕을 중심으로 집산하거나 흩어진다. 이것이 그가 단순한 방랑자처럼 보이지 않는 이유다. 그가 길을 끼고 있는 담벼락에 훌쩍 올라서 담장 위에 자리를 잡고 일광욕을 즐길 때면 주위로 약간의 거리를 두고 길고양이들이 두서너 마리씩 그룹을 지어 평화롭게 앉아 있는 것을 볼 수 있다.

그 상태에서 만약 낯선 고양이가 구역 안으로 들어오게 된다면 길고양이들은 고양이 왕을 바라보며 그가 낯선 고양이를 어떻게 대하는지 주시한다. 고양이 왕이 낯선 고양이를 받아들이면 그 고양이는 구역의 고양이가 되는 것이고, 고양이 왕이 전투를 벌이면 낯선 고양이는 구역에서 쫓겨나거나 무력으로 구역을 점령해야 하는 상황을 맞게 된다.

어떤 구역이건 고양이 사회는 그 구역에 등록된 고양이와 등록되지 않은 고양이가 있다. 등록된 고양이란 인간의 관공서에 등록된 고양이를 말하는 것이 아니다. 적확한 표현을 찾는다면 그 구역의 '대지'에 등록된 고양이라는 표현이 적절할 것이다. 고양이들은 대지에 등록되어 있으며 그들의 행동반경은 대체로 자신들이 등록된 그 대지에 한정되어 있다. 즉, 고양이에게 있어 구역 개념은 자신들이 살 수 있는 대지의 영역인 것이다.

등록된 고양이는 당연하게도 서로를 알아본다. 등록되지 않은 고양이는 다른 구역으로부터 넘어온 고양이고 이방인이다. 방랑 고양이를 제외하면 고양이는 대지에 등록되어야 한다. 이 구역에서 저 구역으로 넘나드는 고양이는 두 개 이상의 대지에 등록된 것이다. 고양이의 구역은 인간이 만든 지형이나 지물과 관련성이 없으며 획일적이지도 않다. 어떤 구역은 상상하기 어려울 정도로 넓은 등록 반경을 가지며 어떤 구역은 인간의 지역 개념 단위로 치면 통·반에 가까울 정도로 그 범위가 작다. 그렇다면 등록되는 대지의 반경은 누가 정하고 누가 고양이의 등록을 인준하는가? 바로 고양이 왕이다.

등록되는 대지의 반경과 그 한계는 고양이 왕의 통치력이 미치는 반경과 한계와 같다. 동일한 구역 내의 고양이들은 자신들의 냄새를 통해, 그리고 자신의 냄새를 상대 고양이에게 묻히면서 서로의 존재를 알아본다. 그러나 구역의 한계, 자신들이 등록되어 있는 대지와 등록되지 않는 대지의 경계는 어떻게 아는 것일까? 그것은 고양이 왕의 분뇨 표시를 통해 확인할 수 있다. 대지 위에 고양이의 왕의 분뇨로 표시된 영역, 그 안의 구역이 고양이들의 삶의 터전이 된다. 그러므로 고양이 왕은 고양이들이 살 수 있는 대지를 생산하는 자다. 그는 분뇨 활동을 통해 대지 위에 지도를 그린다. 그리고 그 지도 위에 고양이들이 등록되는 것이다. 고양이 왕은 그 대지를 대표하는 신체, 대지의 신체적 표현이자 상형문자이며 기호다. 고양이 왕은 그렇게 영토를 소유한다.

고양이들은 영토화와 탈영토화를 반복한다. 고양이 왕이 아니더라도 고양이는 자기가 태어난 구역으로부터 시작해 행동반경의 원을 그리고 그 원을 조심스럽게 넓혀 나간다. 고양이는 사냥꾼답게 새로운 구역과 미지의 영역에 호기심을 느끼며 매우 조심스럽게 새 구역을 탐사한다. 마침내 그 구역에 대한 탐사를 마치고서야 고양이들은 그 구역을 '순찰'하려는 본능을 갖고 있다.

고양이는 A에서 시작해 B라는 구역으로, C라는 구역으로, D라는 구역으로 지속적으로 탈영토화된다. D라는 구역을 손에 넣었다고 고양이가 ABC구역을 잊거나 완전히 떠난 것이 아니다. 고양이가 D구역에 도착했다는 것은 이제 다시 A로부터 시작해 D구역까지 그가 순찰 순례를 반복해야 한다는 것을 의미한다. 그래서 EFG로 탐사의 구역이 넓어진다면 그만큼 고양이의 순례 시간도 길어진다.

고양이의 탈영토화를 촉진시키는 힘은 우선 암컷의 발정이다. 수컷은 암컷을 찾기 위해 탈영토화된다. 고양이 사회는 암컷이 주도하는 모계 사회 성격을 띠며 수컷은 무리에서 내쫓긴다. 내쫓긴 수컷은 독신자로, 그는 생애 내내 멀리 나아가야 할 운명에 놓여 있다. 암컷을 찾아 계속 이동하며 그 구역의 암컷의 발정에 따라 암컷을 임신시킨다. 임신시키고 나면 수컷이 할 일은 없다. 그는 다른 암컷을 또 찾아야 한다. 그렇게 해서 고양이의 탈영토화가 추동된다. 두 번째로 고양이를 탈영토화 시키는 것은 새의 유혹이다. 고양이는 새에게 매혹된 존재이며, 하늘을 향해 열려 있는 나무를 기어오를 수 있는 동물이다.

고양이의 삶에 있어 탈영토화도 중요하지만 영토의 복구와 지속도 중요하다. 암컷 고양이도 다른 구역으로 이동할 때가 있다. 그러나 암컷은 자식 고양이가 다 자라 자신이 등록된 대지를 자신의 삶의 영토로써 완전히 장악할 수 있을 때까지, 영토의 세대 구성원이 될 때까지 영토를 떠나지 않는다. 자식 고양이가 영토를 갖게 되면 어미 고양이는 그제서야 그 영토를 떠난다. 물론 이런저런 이유로 구역을 떠나지 않고 살아가는 고양이도 있다.

정주 고양이는 영토를 재생산하는 것에 기여한다. 등록의 질서를 유지하고 영토를 외부 침입과 같은 외부성으로부터 방어하며 후세대를 관리한다. 정주 고양이는 왕의 가신들이다. 그런 식으로 고양이는 영토를 보수, 유지, 재생산한다. 고양이 왕은 탈영토화의 최전선에 있다. 다른 고양이들의 탈영토화는 왕의 냄새를 쫓고 뒤를 추적하며 대지의 지배자가 넓혀 놓은 구역 안으로 이동하고 입성하는 것이다. 새 구역 입성 후 고양이들은 왕의 행위를 쫓아 자신들 역시 분뇨 활동을 함으로써 이제 자신들도 그 구역의 구성원임을 신고하며 등록한다.

물론 새 구역은 고양이들만의 세상은 아니다. 고양이들은 같은 대지를 공유하는 다른 존재들의 냄새를 좋아한다. 고양이는 개의 오줌 냄새를 좋아하며, 개 또한 고양이 오줌 냄새를 좋아한다. 그들은 냄새를 통해 대화를 나누고 정보를 교환한다. 고양이는 개의 오줌 냄새 혹은 다른 공존하는 존재들의 배설물 냄새에 몸을 비비며 뒹굴고 뺨까지 문지르며 쾌락의 황홀경 속에 빠져든다. 경쟁자가 될 수도 있을 다른 존재들의 냄새를 자기 몸에 묻히는 것은 친교 전략이자 동시에 광고 전략이다. 경쟁자와 같은 냄새를 몸에 묻히는 것을 통해 친밀성을 표시하는 한편 경쟁자에게 자신의 존재를 알리는 것이다.

분뇨 냄새는 확실히 기호의 생산이다. 이제 고양이는 새로운 구역에 이미 살고 있던 다른 존재들을 한번에 파악하게 된다. 직접적인 대면 이전에 이미 그 존재가 어떤 존재인지를 이해하며, 또한 그 존재자에게 보내는 메시지를 남기게 된다. 오줌 냄새의 교환은 대지 위에 공동으로 쓰는 한 권의 책이다. 그것은 다른 존재자와 공존하는 동물들의 특별한 방식이다. 동물들은 편지가 상대방에게 도착하지 않을까 염려하지 않는다. 상대의 냄새에 자신의 황홀과 향락을 표시함으로써 상대로부터 반응을 이끌어 낸다.

이제 그 구역을 지나는 모든 동물은 그 냄새를 맡고 메시지를 확인할 수 있을 것이다. 그 냄새에서 위협을 느끼는 동물, 예컨대 쥐는 새로운 포식자의 등장에 잔뜩 겁을 먹고 경계하게 될 것이며 자기 냄새를 지우기 위해 노력할 것이다. 공동으로 쓰는 냄새의 책은 고양이 왕에게는 순찰함이다. 그는 이제 그가 있던 원래의 구역에서부터 넓어진 구역까지 곳곳에 설치된 순찰함을 돌아야 한다. 순찰함을 열고 자신이 길에서 본 것, 만난 대상, 감지했던 것들, 어떤 것이 이상했는지에 대한 정보를 기록한다.

고양이 왕의 통치 구역은 아주 넓기 마련이며 계속 확장된다. 내가 길에서 만난 고양이 왕은 처음에 일주일에 한 번 정도 내가 관찰하는 구역에 나타났다. 그러다가 그 주기가 보름에 한 번으로 변하고, 한 달에 한 번으로 바뀌었다. 한 구역의 새로운 세대가 태어나고, 아직 어린 고양이는 그 구역에서 왕의 모습을 실제로 보진 못했어도 냄새로써 이미 그를 알고 있다.

어린 고양이에게 고양이 왕은 부재하는 왕이지만 실

재하는 왕이며 곧 귀환하게 될 왕이다. 한 달에 한 번 출현하는 고양이 왕이 저 멀리서 나타날 때 어린 고양이는 등장에서부터 그를 한눈에 알아볼 수 있다. 어린 고양이는 설렘으로 왕의 귀환을 바라본다. 그의 백성들이 왕이 걸어 들어오는 거리에 길을 내준다. 왕은 비록 오랜 여행과 투쟁으로 그 행색은 초라하지만 눈빛과 태도에서 풍기는 광채는 숨길 수 없이 빛난다.

고양이 왕은 자신이 통치하는 대지 위의 어린 고양이 앞에 걸음을 멈추고 이 구역의 새로운 구성원을 내려다본다. 그러자 어린 고양이는 왕의 냄새를 맘껏 탐닉하기 시작한다. 한 번도 본 적이 없지만 늘 그 존재를 확인시켜주고 있던 그 자신의 등록된 대지의 신체에 비로소 접촉한다. 익숙한 고향의 냄새, 하지만 또한 낯선 이국의 바람이 그의 털에 묻어 있다. 어린 고양이는 본능적으로 그 이국의 냄새에 매혹된다. 어린 고양이는 혀로 왕의 털을 씻기고 자신의 존경심을 표현한다.

왕은 거의 움직이지 않은 채 어린 고양이에게 몸을 내어준다. 목욕 시중드는 아이는 왕의 몸에 혀를 대고 그가 저 멀리서 가져온 온갖 냄새 정보를 자기 것으로 흡수한다. 이윽고 왕은 어린 고양이를 어여삐 여겨 그 냄새를 맡고 몸을 핥음으로써 구역의 어린 고양이를 받아들인다.

고양이 왕은 어린 고양이에게 말한다. “너는 내 아들이다.” 모든 새로운 고양이는, 수컷이건 암컷이건 그렇게 왕의 아들이 된다.

공평

나는 내가 살고 있던 구역에서 관찰된 고양이 왕이 우연히 새끼 고양이를 구조하는 것을 본 적이 있다. 새끼 고양이는 어미로부터 독립할 시기가 오면 곧잘 나무 위를 기어오르게 된다. 새의 유혹 때문이다. 새가 지저귀는 노래에 이끌려 새끼 고양이는 나무를 타게 된다. 많은 새끼 고양이가 그렇게 나무 위로 올라가지만 모두 살아서 내려오지는 못한다. 나무 밑에서 새끼 고양이 사체가 종종 발견되는 이유다.

나무 위를 기어오르는 새끼 고양이는 호기심에 가득 찬 모습이며 오로지 올라가는 것에만 몰두해 있다. 새끼는 매우 재바르게 나무를 오른다. 발톱을 나무에다 박을 수만 있으면 쉽게 오를 수 있는 가벼운 몸이기 때문이다. 하지만 새끼 고양이는 나무에서 내려오는 법을 모른다. 나무에서 내려오는 것은 오르는 것보다 훨씬 어려우며 튼튼한 발톱과 앞 발목의 힘, 몸의 무게 중심을 뒤쪽에서 제어하는 법, 내려가는 노선을 선택하는 주의 집중력과 경험이 필요하다. 새끼 고양이는 나뭇가지에 올라서고 나서야 그 사실을 깨닫는다. 새끼 고양이는 나무에서 내려오지 못해 당황하고 겁에 질려 안절부절못하다 떨어지곤 한다.

새의 울음소리에 추동되어 홀린 듯이 나무를 올랐지만 새끼 고양이가 포획할 수 있는 새는 없다. 새는 벌써 그 자리에 없다. 새가 떠나가도 고양이는 새가 앉았던 자리의 냄새를 맡고 새의 비행을 바라본다. 어쩌면 새끼 고양이는 자신도 날 수 있으리라는 기대를 가지고 있을지도 모른다. 새끼 고양이는 몸집이 아주 작기 때문에 맹금류의 새가 아니더라도 경험이 풍부하고 노련한 새는 날개를 활짝 펴고 나무 위의 새끼 고양이를 공격한다. 새의 급작스러운 공격에 당황한 새끼 고양이가 나무에서 추락하기도 한다. 그래서 그 상황을 돌이켜보면 새가 안식처를 침탈할 가능성이 높은 고양이를 일부러 유인하려는 목적으로 약을 올리는 노래를 부르는 게 아닐까 싶기도 하다. 새가 노래를 부르면 그에 맞춰 채터링(Chattering) 소리를 내는 고양이가 많다. 채터링 소리는 고양이가 인식하는 새의 노래이자 고양이가 흉내내는 새의 노래소리다. 새와 고양이는 인간과 고양이 사이의 역사만큼 오랫동안 특별한 관계를 맺어온 역사가 있는 게 분명하다.

새가 갑자기 날개를 활짝 펴고 강한 어깨의 날갯짓으로 공중으로 도약한 뒤 새끼 고양이는 정신을 차리게 된다. 그제야 다시 대지에 발을 딛는 일이 수월치 않음을 깨닫는다. 두려움이 밀려오면서 새끼 고양이는 울기 시작한다. 시간이 지날수록 새끼 고양이의 몸의 균형이 무너지기 시작한다. 떨어질 듯 떨어질 듯 아슬아슬한 곡예가 나무 위에서 벌어진다.

나는 2층에 있는 내 방 창가의 은행나무 위에서 그렇게 오도 가도 못하게 된 새끼 고양이를 발견했다. 우리집 고양이들이 가구와 가구 사이를 잇던 구름다리 역할을 하던 긴 나무판자를 가져와서 나뭇가지에 연결해 다리를 만들어 새끼 고양이를 건너오게 하려고 했다. 그러나 그럴수록 새끼 고양이는 뒤로 물러설 뿐, 간식으로 유혹해도 내 쪽으로 넘어오려 하지 않았다. 나의 접근에 놀라지 않도록 입으로 계속 소리를 내어 주의를 끌면서 새끼 고양이에게 안심하라는 눈 신호를 보냈다. 그래도 새끼 고양이는 다리를 건너지 않았다. 나는 초조했다. 새끼 고양이는 울음을 멈추지 않았다.

그때 저 멀리 길에서 고양이 왕이 나타나 터벅터벅 걸어오는 것이 보였다. 대낮이었고 거리에는 사람들이 활보하고 있었고 차도 오가고 있었다. 그러나 고양이 왕은 마치 그 길 위에 자신만이 걷고 있는 것 마냥 거칠 것 없이, 그러나 서두름도 없이 새끼 고양이가 있는 나무까지 접근했다. 애초에 새끼 고양이의 구조 신호를 듣고 온 것처럼 보이는 고양이 왕이었다. 그는 거침없이 높은 담을 넘어 올랐고 담에서 다시 지붕 위로 뛰어올랐다. 이제 새끼 고양이와 고양이 왕의 거리는 사람이 양팔을 벌리면 닿을만한 거리로 좁혀졌다.

그 후 놀라운 일이 벌어졌다. 고양이 왕이 말을 했던 것이다. 그것은 분명 말이었다. 그것도 길게. 그는 리듬을 실어 무언가를 발성했다. 나는 고양이가 그렇게 길게 연속적으로 이어지는, 박자와 음조가 있는 노래처럼 들리는 울음을 내는 걸 들어본 적이 없다. 그 말은 부드럽지만 위엄이 있었고, 흥얼거리는 듯했지만 행동을 독려하는 메시지가 있었다. 나는 고양이 왕의 말이 웅변과 응원이라는 것을 알 수 있었다. 그렇게 왕의 말이 끝나자 이번에는 새끼 고양이가 간절한 단말마의 음성으로 고양이 왕에게 무언가를 호소했다. 새끼 고양이의 말은 리듬과 박자는 없었지만 그 또한 분명 말이었다.

그렇게 둘은 서너 번 말을 주고받았다. 이윽고 새끼 고양이는 자기 자신에게 기합을 넣는 울음소리를 내고 한

발을 내딛으며 나무 밑을 향해 내려가기 시작했다. 고양이 왕은 새끼 고양이의 행동과 울음에 호응하듯 중간중간 장단을 넣었다. 그때 고양이 왕의 어조는 마치 "그래, 그래." 처럼 들렸다. 부드럽고 나지막한 "yes, yes"와 같은 말처럼 안심시키고 기운을 불어넣어 주는 그런 음조가 반복되었다. 둘의 대화는 거의 한 곡의 노래처럼 들렸다. 새끼 고양이가 노래를 이끌고 고양이 왕이 코러스를 넣어주는 이중창. 원래 사랑을 긍정하는 대답은 한 번이 아니라 두 번이어야 한다.2)

---

2) 이 부분은 자크 데리다(Jacques Derrida)에게 아이디어를 얻었다. "최근 10여 년, 대략 12년간의 제 연구에서 선물에 대한 물음은 본질적인 중요성을 차지했습니다. 선물과 그 보답으로서의 선물, 교환 등에 관해서 말입니다. (…) 해체는 선물이라는 문제를, 다시 말해 도대체 준다는 것이 의미하는 바가 무엇이냐 하는 문제를 다룰 수 있어야 합니다. (…) 만일 '존재한다는 것', 곧 '있음'이라는 것을 우리가 보답이라 부를 수 있다면 보답의 경험을 형식화하는 것도 가능한 일입니다. (…) 제 관심을 끄는 문제는 보답의 가능성 혹은 '만일' 가능하다면 교환의 굴레에 그저 새로이 기입되지 않는 그런 선물의 가능성에 관한 물음에 있었습니다. (…) 선물과 그 보답에 대한 참조는 곧 선물의 가능성 자체에 대한 '긍정'과 깊이 연관된 사유여야 합니다. 실로 긍정이야말로 해체의 본질과 원리를 구성하기 때문이죠. 바로 이것이 해체가 부정이 아닌 이유이며, 파괴와도 다른 까닭입니다. 여기엔 긍정이, 또 어떤 'yes'가, 하지만 실증적으로 입증할 수는 없는 어떤 'yes'가 존재합니다. '부정'에 짝을 이루는 '긍정'이 아니라 전적

"날 사랑해요?"에 대한 답은 "yes"가 아니라 "yes, yes"가 정확한 응답이다. 우리는 이중부정이 강한 긍정이라고 오해한다. "no, no"의 이중부정이 만일 긍정으로 작용할 수 있다면 그것은 극한의 부정과 숙명적 체념 속에서의 수락이라는 점에서 긍정이 될 수 없다. 진짜 긍정은 "yes, yes"에 있다. "yes, yes"는 이 첫 번째 긍정 속에서는 벌어지고 있는 것의 이면에 흐르고 있는 것, 지속되는 것 속에 변하고 있는 것, 바로 전의 그 긍정이 있자마자 어쩔 수 없이 생겨나는 부정에 대한 것조차 그 자체로 긍정하는 것이다.

"사랑해?"라고 물을 때 묻는 자는 다음의 의미를 감추고 있다. "(지금의 내 모습을) 사랑해?" 그러므로 그 물음은 또한 다음의 질문을 내포하고 있다. "(내 모습이 달라져도) 사랑해?"인 것이다. 하나의 질문 속에 두 개의 응

인 긍정으로서 'yes'란, 그것이 없다면 그 어떠한 해체도 가능하지 않은 그러한 'yes' 혹은 선물과도 같은 것이라 하겠습니다. 저는 이러한 'yes'의 가능성, 선물의 가능성 등을 정식화하려는 것입니다. (…) 일련의 텍스트를 통해 제가 보여주고자 했던 것은, 가령 'yes'는 반복되어야 한다는 사실입니다. 'yes'라고 말해야 할 때, 필요한 것은 'yes, yes'입니다."

Mikhail Kuz'mich Ryklin, 〈Deconstruction and destruction. Conversations with Philosophers〉(M. Publishing house "Logos", 2002). [국역본] 미하일 리클린, 〈해체와 파괴-현대 철학자들과의 대담〉(최진석 옮김, 그린비, 2009), p.31-34

답이 요구되고 있으므로 우리의 대답은 "사랑해, 사랑해"가 되는 것이다. 그래서 세르주 갱스부르의 노래는 "Je t'aime, Je t'aime"로 두 번 반복되며 시작된다. 이것이 고양이 왕이 새끼 고양이에게 용기를 불어넣어 주는 권능의 관능성이며, 삶이라는 선물이다.

고양이 왕은 새끼 고양이를 그렇게 고무시키고 있었다. 왕은 아들이자 백성인 이들의 변덕스러움과 두려움과 나약함을 내치지 않는다. 고양이 왕이 갖는 통치적 힘은 "사랑해, 사랑해"에서 나온다. 대지 위의 고양이들은 모두 그의 생산물이자 그 자신이기 때문이다.

새끼 고양이는 이제 용기를 내고 기합을 넣으며 다시 한 발을 내딛는다. 그렇게 새끼 고양이는 두 발자국을 걷는다. 그리고 두 발자국에 고무 받은 새끼 고양이는 몸의 균형을 되찾는다. 몇 번 더 밑으로 발을 내딛고는 살짝 점프를 하며 왕이 있는 지붕 위로 착지했다. 착지가 조금 불안하긴 했지만 어린 고양이는 훌륭하게 위기를 극복했다. 고양이 왕은 대견해하며 새끼 고양이의 몸을 가볍게 두어 번 핥는다. 새끼 고양이도 심신의 안정을 찾기 위해 자기 몸을 핥는다. 고양이 왕은 이제 천천히 지붕을 가로질러 담장으로 건너뛴다. 새끼 고양이는 왕이 하는 것을 그대로 따라 한다. 지붕에서 도약해 담장으로 건너뛰고 다시 왕을 따라 담장 위를 걷다가 담벽을 타고 기어 내려가다 가볍게 점프하여 착지한다. 이제 새끼 고양이에게 두려울 것은 없다. 나무도, 담장도, 지붕도 더 이상 두렵지 않다.

새끼 고양이에게 이 고양이 왕은 아마도 상상의 아버지일지 모른다. 하지만 그 아버지는 어머니의 짝으로서 아버지는 아니다. 새끼 고양이에게 “너는 내 자식이다”와 “너는 나다”라고 말하는 이 아버지는 왕으로서의 아버지이며, 새끼 고양이에게 그것은 곧 “나는 왕이다”라는 것을 알려주는 아버지다. 고양이는 어머니와의 관계에서만 소그룹에 속한다. 고양이는 모권적 소그룹에 속하면서 사회적으로는 왕의 통치성과 직접 관련을 맺는다. 군(群)이 가족을 대체한다. 군 아래 생계 소집단화가 형성된다. 왕은 군을 확장하는 기능을 갖는 통치성의 기계(기호적이고, 관념적이며, 또한 물질적인)다.

프리드리히 엥겔스의 말대로 군과 '가족'은 상호보완적이지 않고 대립적이고 경쟁적이다. 엥겔스는 '군' 개념이 발전하면 '가족' 개념이 축소되고 '가족' 개념이 발전하면 '군' 개념이 쇠퇴하는 것을 발견했다.3) 길고양이의 사회

3) Friedrich Engels, <Der Ursprung der Familie, des Privateigentums und des Staates>(1884). [국역본] 프리드리히 엥겔스, <가족 사유재산 국가의 기원>(김대웅 옮김, 도서출판 아침, 1987), p.44-45

체계를 보면 엥겔스는 틀리지 않았다. 모권적 소집단은 일정기간 양육을 위해 일시적으로만 유지되었다가 해체된다. 가족은 자기 해체적이며, 군의 개념만이 고양이 왕과 함께 지속된다. 고양이 왕은 군의 아버지이며, 탈영토화하는 본능으로서의 아버지이자 새끼 고양이가 그 발자취를 쫓게 될 탈주선, 비행선 위의 아버지다.

왕은 탈영토화의 논리적 극한, 어쩌면 본능적 극한이나 기계적 극한이라 부를 수 있는 '공평성'의 기계다. 고양이 왕의 권능은 대지 위에 구석구석 골고루 미쳐야 하며 대지 위의 존재들 위로 고르게 내리쬐는 빛의 통치성이어야 한다. 그것은 인격적이지 않으며 순전히 본능적이면서 기계적인 논리를 가진 통치성이다. 유혹에 이끌리는 탈영토적 남근, 오줌이라는 탈영토적 분뇨 활동은 순례적 통치성과 짝을 이루는 공평성의 기계적 논리가 된다. 그것은 고양이 왕의 본능적 생리인 것이다. 그러므로 우리는 모든 생명의 본능적 논리에는 공평성에 대한 관능의 기계적 논리, 혹은 기계적 관능성을 또한 함축하고 있다고 말해야 할 것이다. 공평하게 섹스하며, 공평하게 사랑하며, 공평하게 먹는다. 대지의 모든 것을 공평하게 하라.

왕의 귀환

우리는 고양이 왕의 두 가지 기능을 정리해 볼 수 있다. 고양이 왕은 고양이들의 탈영토화 기계로서 고양이들이 살 수 있는 대지를 확보하고 확장하는 기능을 하고 있다. 고양이 왕은 확보된 대지 위에서 순례적 통치성의 기능을 하고 있다. 그리고 이 탈영토화-순례적 통치성의 짝은 '공평성'이라는 기계적 관능의 논리를 따른다.

우리는 고양이 왕이 갖는 공평성의 기계적 관능의 기능을 더 살펴봐야 한다. 앞서 우리는 고양이 왕이 어떻게 탈영토화하면서 다른 한편 분뇨 활동을 하는지 말한 적이 있다. 그리고 어떻게 고양이들이 구역을 탐색하는 과정에서 자신들에게 낯선, 다른 존재의 흔적에 관능적인 쾌락을 추구하는지 확인했다. 그 쾌락을 추동하는 것이 두려움인지, 열광인지 그 수준에서는 중요하지 않다. 타자 혹은 낯선 자들의 분뇨 냄새에 자신의 몸을 비벼댐으로써 그들이 만들어 내는 기호가 더 중요하다. 타자와 일체화되면서 자신을 보호하려 하거나 타자에게 자신의 존재를 적극 알리는 행위는 혼용되겠지만 혼용으로써의 그 기호는 '공존'의 기호다.

'책'에 대한 비유로 말했듯이 타인의 오줌 위에 나뒹굴고 그 위로 이번에는 자신의 것을 배출하는 것은 타자와 함께 쓰는 글쓰기-문자행위인 것이다. 그것이 커뮤니케이션이라는 것은 굳이 설명할 필요가 없을 것이다. 그리고 고양이에게 있어 그런 소통의 욕망이 타자에게 느끼는 본능적인 성적 관능성과 분리되지 않는다는 것도 부연 설명할 필요는 없을 것이다.

고양이 왕은 탈영토화하면서, 즉 방랑자가 되면서 스스로 타자가 된다. 그리고 한편으로 고양이 왕이 다시 순례적 통치성으로 전환될 때 그는 자신의 대지 위에서 언캐니(Uncanny)한 존재 즉, 낯익은 타자가 된다. 고양이 왕은 낯선 존재를 자기 통치성의 영역인 영토 안으로 끌고 들어올 수밖에 없다. 그래서 이동하지 않고 한 곳에 정주하는 고양이의 눈에는 낯선 자인 부랑자에게서 낯익은 왕의 권능이 보이는 것이다.

고양이 왕은 타자에 관한 정보를 영토에 제공하는 자이며, 역설적으로 영토의 경계를 넘어서 있는 통치성의 외부에 있는 존재인 것이다. 고양이 왕은 통치성을 갖는 왕이되 통치력이 미치지 않는 바깥에서 인지되는 외부의 낯선 타자다. 그것은 정주 고양이의 눈에는 '위반'으로 비쳐지겠지만 고양이 왕의 논리에서는 신체적 확장, 통치력의 확장인 것이다. 그러므로 이렇게 말할 수 있다. 고양이 왕의 귀환, 순례는 늘 타자의 귀환-타자와 함께하는 귀환이라고 말이다.

이 지점에서 우리는 고양이 왕에게서 타자-소수자의 논리를 발견할 수 있다. 고양이 왕이 묻히고 들어오는, 확장되고 있는 통치력의 범위 변경에 있는 타자의 냄새는 왕 그 자신의 냄새이며, 왕의 몸에 묻은 타자의 오줌은 왕 그 자신의 신체다. 그러므로 귀환하는 고양이 왕에 대한 고양이 백성들의 열렬한 환대는 타자-소수자에 대한 환대의 형식을 갖고 있다.

고양이 왕의 순례는 인간 사회의 모든 종교적 지도자의 외양과 닮았다. 초라한 행색, 두렵거나 관능적인 타자-소수자의 모습, 그럼에도 불구하고 그를 위대하게 보이게 하는 것은 그가 공평성의 기계이기 때문이다. 그는 소수자의 모습으로 귀환하여 공평성의 지반을 넓히는 것이다. 타자-소수자는 거지의 외양을 한 왕이다.

여기서 우리는 왕과 거지가 서로서로의 위치를 상대와 교환 가능한, 사실은 동일자일 수 있다는 상상력인, 동화 속의 '왕자와 거지'를 만나게 된다. 왕자는 자신과 꼭 닮은(나는 너다) 거지에게 자신의 자리를 내어주고 순례에 들어간다. 하지만 이 동화에서 거지가 된 왕자는 귀환하지 못한다. 길목에서 왕이 된 거지가 왕자를 살해하기 때문이다. 아마도 이 동화는 인간 역사의 어느 순간, 왕을 죽인 거지들에 대한 것일지도 모르겠다. 인간인 왕은 거지의 외양을 한 진짜 왕이 귀환하는 것이 두려워 타자-소수자를 배척하는 길을 걸었는지도 모른다.

왕이 된 실제의 거지는 진짜 왕의 귀환에 대해 이런 말로 백성들의 두려움과 혐오를 부추긴다. "보라, 저 거지(왕)의 이교도적이고 악마와 같은 모습을!" 왕이 된 거지는 그렇게 타자성을 살해하면서 탈영토화의 힘을 막기 위해 성벽을 쌓고 공평성의 기계적 논리를 대신하는 신분과 계급 차등화의 논리를 도입한다. 그리고 그 신분의 승계를 위해 아버지를 어머니와 강제로 짝지어 신분화된 소그룹 즉, 가족을 만들어 낸다.

그러나 고양이 사회에서는 그런 일은 벌어지지 않는다. 고양이 사회에서는 고양이 왕의 탈영토적-순례적 통치성이라는 과업에 대한 승계가 이뤄질 뿐이다. 그것을 승계받은 왕은 공평성이라는 기계적 관능의 논리에 따라야 한다. 그러므로 논리적으로 고양이 왕의 승계는 늘 타자-소수자의 과업을 완수하기 위한 것이 된다. 승계는 타자인 왕의 관능성에 대한 민중의 "yes, yes"에 의해 이뤄진다. 고양이 왕의 통치성은 민중의 부름에 대한 왕의 "yes,

yes"이자, 왕의 타자성에 대한 민중의 "yes, yes"가 영원히 반복되면서 확장되는 열린 지속의 흐름인 것이다.

계절이 돌아오듯이, 철새가 다시 돌아오듯이 경계를 넘고 계속 대지를 확장하고 또한 그 위를 순례하면서 자기의 모든 통치 영역으로 돌아와야 하는 시베리아 호랑이처럼, 고양이 왕도 그렇게 귀환한다.

나와 고양이 _개념들

우리는 약속이 말하는 행위라는 것을 지지하고 있긴 하지만, 말, 말로 한, 말로 할 수 있는 약속들 이외의 약속들도 있을 수 있다. 말할 줄 모른다는 동물들에게 약속에 버금가는 행동들이 있다는 건 논외가 아니다. 집을 나서며 돌아오겠다고 약속을 하는, 함께 사는 반려동물들만 의미하는 게 아니다. ***동물들에게도 상징계가 있기 때문에,*** 약속과 서약이 있다는 것을 말하고 싶다. 따라서 약속은 전적으로 말하는 행위의 문제에만 속하진 않는다.[4)]

- 자크 데리다

4) Jacques Derrdia, "Questions a Jacques Derrida", <La philosophie au risque de la promesse>(Bayard, 2004), p.198-199. 강조는 필자.

초롬

여덟의 아이를 키웠기에 사람들은 가끔 내게 묻는다.

"고양이 사이에서도 서열이 있나요?"

개들 사이에는 힘에 의한 서열이 있고 그에 반해 고양이들 사이에서는 서열이나 위계가 없다는 정보를 어디선가 들었기 때문에 대개 그렇게 묻는다. 그러나 그 질문에 답하기에는 조금 곤란하다.

내 경험상 고양이는 장소의 동물이다. 그러므로 특정 장소를 먼저 오랫동안 점유한 고양이가 터줏대감처럼 힘을 갖는다. 일종의 텃세가 있다. 그래서 고양이는 집에 들어온 순서가 중요하다. 그것이 서열이나 위계 같은 것을 만든다. 고양이 사이에서도 물론 나이 혹은 세대와 같은 사고와 개념이 분명 있긴 하다. 하지만 사회적 힘 관계에서는 그 모든 것에 앞서 집 혹은 그 장소에 속하거나 장소로 들어온 순서를 이길 순 없다. 우리집의 고양이들도 마찬가지다. 여덟 마리 모두 혈연적 관계가 전혀 없으며 출생지조차 제각각이다. 그럼에도 불구하고 서열은 집에 들어온 순서로 정해지는 것 같았다.

길에서 사는 고양이도 마찬가지다. 길고양이에게 장소는 자신이 거주하는 지역을 의미한다. 길고양이 무리에게 정기적으로 밥을 줘 본 사람은 알겠지만 길고양이들은 일정한 지역에서 살아간다. 사료를 들고 밥을 주던 장소에 가면 늘 나타나던 녀석들이 나타난다. 못 보던 낯선 어른 고양이가 갑자기 나타나는 경우는 아주 드물다. 이는 한 지역을 거점으로 삶의 터전을 만드는 구성원이 어느 정도 정해져 있다는 것과 같다. 그래서 자주 보이던 녀석이 어느 날 갑자기 보이지 않으면 '혹시 사고라도…….'라며 걱정을 하게 된다.

반대로 못 보던 녀석이 나타나면 원래 그 주변에서 살던 녀석들이 낯선 고양이에게 어떻게 반응하는지 예의 주시하게 된다. 고양이들은 일정한 넓이의 지역을 경계로 살아가며 볼 일이 있다고 해서 다른 지역으로 그냥 넘어가는 것 같진 않다. 나중에 얘기하겠지만 다 자란 수컷 고양이들은 조금 다르다. 그들은 경계를 넘어간다. 수컷들은 암컷들의 발정에 이끌려 경계를 넘어 점점 더 멀리 나아가며 자기 지역을 확장한다.

집고양이들의 서열이 집에 들어온 순서를 따른다면 길고양이들은 어떻게 한 지역의 서열을 정하게 될까? 대체로 그 지역에 등록된 순서에 따른다. 등록이란 말을 쓰긴 했지만 사람의 주민등록증처럼 증서 같은 게 있는 건 아니다.

비록 현대 사회의 인간은 태어나서 곧장 아버지-엄마라는 오이디푸스 가족에 등록되는 것으로 알고서 살아가지만 엄연히 그 보다 선행하는 것은 대지에 등록되는 것이다. 길고양이들도 물론 부모가 있지만 - 아버지의 존재는 가족 바깥에 있으며 그 존재는 희미하다. 새끼들은 독립할 때까지 주로 엄마와 함께 지낸다 - 무엇보다 그들이 살아가기 위해서는 지역에, 그 대지에 속해야 하고 그것은 인간이 가족에 속하는 것만큼이나 삶에 있어 결정적이다. 그러므로 한 지역의 길고양이들은 대체로 대지에 등록된 순서에 따른다.

어느 날 힘이 아주 센 낯선 수컷 고양이가 나타나 지역 전체에 긴장이 돌고 싸움이 벌어지는 경우도 있다. 암컷을 두고 경쟁하는 싸움이거나 수컷으로부터 새끼를 보호하기 위해 암컷이 자기 구역에 들어서는 수컷에 대항해 벌이는 싸움이다. 그러다 보면 어느새 수컷의 모습은 자취를 감추게 된다. 암컷 고양이들은 한 지역 내에서도 자신만의 작은 구역, 장소를 갖는다. 한 지역의 암컷 고양이는 자신만의 고유의 장소를 두고 있으며 다른 암컷들과는 서로 경쟁하면서도 매우 친화적이고 협력적인 관계를 구축한다.

동네에 길고양이들에 밥을 주는 급식소가 있는 경우, 흔히 보게 되는 풍경 가운데 하나가 어린 새끼들이 있는 암컷이 새끼들을 데리고 나오는 모습이다. 어린 고양이들이 가장 먼저 밥을 먹고, 그 다음 어미를 비롯해 어른 고양이들이 밥을 먹는다. 그 동네에서 가장 힘 센 수컷 고양이는 급식소 근처에 선두로 나타나긴 하지만 밥그릇에 먼저 입을 대지 않는다.

힘이 센 수컷은 대체로 밥 먹는 고양이들에게서 조금 떨어진 곳에 자리잡고 앉아서 주위를 경계하고 주시하며 상황을 통제한다. 경험 많은 더 나이 든 고양이들이 음식에 먼저 덤비지 않기 때문에 장유유서 같은 건 존재하지 않고, 동네에서 힘이 가장 센 고양이라고 해서 먹이를 가장 먼저 먹는 우선권을 가지진 않는다.

사냥하는 동물인 고양이가 급식소에서 인간이 준 밥을 먹게 된 역사는 그리 오래지 않았을 것이다. 고양이는 사냥을 할 때 서로 협력 행동을 보이지 않고 독자 행동 즉, 홀로 사냥을 한다. 그러므로 급식소에서의 질서와 각자의 역할은 주어진 생래적인 특성이 변화된 환경에 대응하여 발현되고 그것이 학습되고 습득되어 다듬어진 결과라 할 수 있다.

고양이 사회에서 서열이 있기는 하겠지만 사냥을 할 때나 급식소에서 밥을 먹을 때 위력을 발휘할 수 있는 권력이 아니라는 것은 분명해 보였다. 즉, 고양이들에게서 생존에 필수적인 요소들을 독점하거나 일방적으로 차지할 수 있는 우선권으로써 서열 체계를 갖고 있다는 흔적을 발견하기 어렵다. 오히려 서열은 대지에 대한 그 지역의 길고양이들을 대표하는 상징적 권한에 가깝다. '대지'는 이 책에서 고양이를 이해하는 핵심 개념이다.

길고양이의 세계에서는 낯선 고양이가 지역에 침입하거나, 이상 행동을 하는 사람이 거리에 등장하거나 경쟁 동물이 나타나거나, 도시 개발로 지형지물의 변화가 생기거나 등 시시각각 정보 흐름이 변한다. 고양잇과 동물들은 이런 변화에 민감하다. 이와 같은 위험 예측 요소들을 분석하고 대응하는 것에 있어서 서열은 중요한 역할을 하는 것 같다. 이를테면 한 마을에 가장 오래 산 연장자가 그 마을의 역사와 변화의 증인으로서 대표성을 띨 수 있는 것처럼 서열은 그 지역과 장소, 그것을 씬(Scene)으로 개념화한다면, 그 씬의 감각과 감수성을 대변하는 것이라 할 수 있다.

우리집에 가장 먼저 들어온 고양이는 초롬이다.

초롬은 그녀가 막 1살이 되었을 때 원래의 보호자에게 사정이 생기면서 내가 맡게 된 고양이다. 초롬은 나와 아내가 사는 집에 제일 처음 맞게 된 고양이고, 나에게는 난생처음 만나게 된 고양이다. 아내가 캐나다에서 데려왔기 때문에 제법 먼 나라에서 건너온 고양이다. 초롬의 특이사항은 캐나다의 보호자가 남매 새끼로 처음 입양했는데, 오빠가 눈앞에서 갑자기 사라지는 경험을 했다는 것이었다. 초롬의 오빠는 아파트 베란다에서 나가 놀다가 초롬의 눈앞에서 그만 추락사하고 말았다.

생후 3개월이 막 지난 초롬은 그날 이후 의식 상실과 함께 경련을 동반하는 대발작을 보이는 뇌전증을 앓게 되었다. 우리는 동물들이 늘 곁에 있던 누군가가 사라졌을 때 어떤 감정을 갖는지, 어떻게 반응하는지 명확히 알 수 없다. 그리고 감정이 정신과 신체에 어떤 영향을 주는지에 대해서도. 초롬이 오빠를 잃었다는 것과 첫 번째 발작이 시작되었다는 것과의 상관성에 대해서도.

고양이 뇌전증에 대해 병원에 물어봤지만 특별한 지침을 얻을 수 없었다. 발작이 진행되면 혀를 물지 않도록 입을 벌려주고 주위의 소란을 차단하는 등 사람 뇌전증 환자의 경우와 비슷한 조치를 취해야 한다. 모든 집고양이는 잠을 많이 잔다. 초롬도 마찬가지였다. 문제는 초롬을 오래 지켜본 결과 대부분 자다가 발작이 일어난다는 것이었다. 나와 아내는 상대적으로 긴 잠, 그리고 상대적으로 오래 공복 상태를 견디는 것과 발작이 관련성이 있다는 생각을 갖게 되었다. 공복 상태로 오래 자게 되면 꼭 발작을 일으켰다. 그래서 우리는 잠자는 초롬을 흔들어 깨워 밥과 물을 먹게 하곤 했다. 한마디로 잠을 오래 자게 내버려두지 않았다.

초롬은 산책을 좋아해서 산책을 조를 때는 내게 애교를 피웠다. 산책 때는 언제나 위풍당당하고 과감하게 행동해서 동네 길고양이들을 주춤거리게 할 정도였다. 초롬이 산책을 할 때 동네 길고양이들이 몰려와 담벼락 위에서 줄지어 지켜본 적도 있다. 초롬은 그들의 시선을 무시한 채 땅바닥을 재바르게 기어가던, 살이 올라 통통한 바퀴벌레를 순식간에 낚아채 꿀꺽 삼키고는 입맛을 다시며 그들 앞으로 다가갔다. 너무나 당당한 모습에 동네 길고양이들은 슬슬 뒷걸음질 치며 물러났다.

초롬은 체격적으로도 동네 길고양이들보다 배나 커 보였다. 이후에도 초롬은 산책할 때 만나게 되는 길고양이나 산책을 나온 개들 등 동물에 대해 완전한 무관심으로 일관했다. 당시에 나는 그게 초롬의 성격이라는 것을 알지 못했다.

초롬은 산책 때 쓰는 가슴줄을 싫어했다. 또한 어디로 갈지, 어느 정도 속도로 걸을지, 어느 장소에 얼마나 머물지 등등 산책 코스와 시간에 관해서는 비타협적이었다. 자신의 의지를 방해하면 으르렁거리기 일쑤였다. 초롬과 산책하는 일은 결코 쉽지 않은 일이었다. 산책 초반 때 그만 가슴줄을 놓쳐 높은 담장 위를 훌쩍 뛰어올라 눈앞에서 초롬이 사라졌을 때가 생각난다. 앞이 캄캄했다. 초롬을 찾는답시고 두 시간 동안 동네 골목을 헤매고 다녀봤지만 헛수고였다. 보통 우리는 맨날 정해진 길로만 다니기 때문에 주택지에 담장이 얼마나 많은지 잘 깨닫지 못한다. 오 미터도 못 가서 담을 만나 돌아 나와야 하고, 한 발만 내딛어도 사유지에 들어서게 된다. 알고 보면, 우리 그러니까, 개인인 인간은 길고양이들처럼 '대지'를 갖지 못한 것인지도 모른다. 고양이를 추적한다는 것은 애초에 불가능했다.

그렇게 남의 집 마당을 기웃거리다가 허탕을 치고는 재충전을 위해 집으로 들어가려다가 혹시나 하는 마음에 산책 때마다 늘 들리던 집 바로 앞 건물 귀퉁이에 가 보았다. 초롬은 거기에 태연히 누워 있었다. 아니, 오히려 왜 이제야 오냐는 듯 나를 기다리고 있었다. 그때의 감격을 잊을 수 없다. 고양이는 사람을 따르지 않고 집을 따른다는 속설이 그렇게 고맙게 느껴지기는 처음이었다.

개와 달리 고양이와의 산책이 불가능한 이유는 고양이가 결코 인간의 의지와 뜻대로 움직여주지 않기 때문이다. 다행히 고양이는 장소의 동물이므로 자신의 장소, 자신의 집으로 돌아온다. 자신의 뜻대로 산책하고 자신의 의지에 따라 집으로 돌아온다. 자신을 막는 것은 방해물로 여길 뿐이었다. 초롬은 그것을 단적으로 보여주는 고양이였다. 초롬은 독자적이었고, 그래서 늘 혼자였다.

초롬 이후로 밤비, 태양, 샤샤, 단풍, 초달, 놀, 밍키 등등 고양이들이 줄기차게 집으로 새로 들어와 북적대기 시작했음에도 불구하고 초롬은 언제나 혼자였다. 뇌전증 때문인지 모르겠으나 분명 자폐적인 기질이 있었다. 길에서 만난 어떤 동물과 사람에게도 무관심했고, 길고양이들에게도 무관심했다. 임시 보호를 하게 되는 여러 고양이에게도 마찬가지였다. 한집에 살던 고양이들과 어울리지 않는 것도 초롬 특유의 성격이었다. 초롬이 산책을 좋아한 것도 오롯이 혼자만의 시간을 보낼 수 있기 때문이었는지도 모른다.

초롬과 산책을 할 때면 나와 아내는 일부러 가슴줄을 풀어주고 조마조마한 심정으로 초롬의 뒷모습을 쫓곤 했다. 초롬은 타고난 탐험가였다. 지리 매핑 능력 혹은 지도 제작 능력이 유난히 뛰어나 처음 와 본 장소에서도 자신만의 지름길을 금방 개척하곤 했다. 특히 높은 담장 위를 걷는 것을 좋아해서 지켜보는 이의 가슴을 철렁하게 만들기도 했지만(어렸을 적 초롬의 오빠가 바로 난간 위에서 추락했다) 담장 위에서 유연하고 부드럽게 공기를 밀치고 나아가는 듯한 초롬의 우아한 동작은 초롬을 가장 초롬답게 만드는 것처럼 보였다.

내게 초롬의 이미지는 그것이었다. 오롯이 혼자만의 시간으로 나아가는 높은 담장 위의 고양이. 삶은 결국 혼자만의 탐험이자 여행이라고 알려주던 고양이. 그리고 초롬은 유난히 캣닙을 좋아했다. 담장 위의 고독한 고양이, 캣닙에 취하는 걸 좋아하는 고양이. 초롬을 떠올리면 언제나 삶 본연이 지닌 고독의 정체와 대면하게 되고 슬픈 감정에 휩싸이게 된다.

밤비

두 번째로 집에 들어오게 된 아이는 밤비였다. 밤비는 성남 모란시장에서 눈도 뜨지 못한 갓난 아기인 채로 철창에 갇혀 팔려 나왔다고 한다. 자취하던 대학생이 밤비를 보고 불쌍해서 돈을 주고 사왔지만, 이미 고양이를 기르고 있던 처지에 둘째를 들이기는 버거워 인터넷에 입양 공고를 냈고 마침 내가 그것을 보게 돼 데려오게 되었다. 밤비는 손바닥 위로 꼬물거리며 올라와 내 얼굴을 빤히 바라보다가 그만 입술을 깨물었다. 첫키스, 첫눈에 빠진 사랑, 운명적인 만남.

밤비는 삼색 고양이다. 삼색 고양이의 대부분은 암컷이며, 만약 삼색인데 수컷이라면 임신시킬 능력이 없는 수컷이라 알려져 있다. 이런 정보를 알게 된 덕분에 밤비는 내게 삼색 고양이 전체에 대한 깊은 이미지를 갖게 만들었다. 여자 중의 여자, 왠지 프랑스어로 불러야 할 것 같은 펨므, 치명적인 팜므 파탈.

모든 새끼 고양이가 그렇듯이 밤비는 놀이를 통해 왕성한 학습욕을 자랑했다. 밤비는 초롬의 행동거지 하나하나를 관찰하고 그것을 모방했다. 뿐만 아니라 나와 내 아내의 일상적 행동도 모방했다. 밤비는 모래가 담긴 고양이용 화장실을 거부하고 하얀 도자 변기 위에 걸터앉아 쉬를 하고 싶어했다. 자신이 모방할 수 없는 행위들은 그 행위와 커뮤니케이션하는 방법을 만들어 냈다.

예를 들면 직장에 다니던 나는 출근 시간에 맞춰 매일 아침 머리를 감는데 밤비는 욕실 문틈으로 나를 지켜보고 있다가 머리를 헹구기 위해 허리를 숙이면 후다닥 달려와 내 등에 재빨리 올라타는 놀이를 즐겨했다. 그러면 나는 '악' 소리를 지르거나 '어이쿠' 하며 놀란다. 매번 반복되는 것이지만 밤비도 나도 늘 똑같은 행위를 반복한다. 이런 식으로 밤비는 갖가지 상호 작용의 일정한 패턴들을 다양하게 만들어 내는 재주가 있었다.

나와 아내는 고양이가 놀라운 상호 작용 능력과 뛰어난 커뮤니케이션 능력이 있다는 것을 밤비를 통해 알게 되었다. 모든 언어는 화자와 청자 사이의 관계에서의 명령어와 지시어라고 생각하는 화용론적 언어 이론적 측면에서 본다면 밤비의 등을 올라타는 행위는 말, 말하는 행위다. 그리고 그런 행위들을 일정한 패턴으로 반복하고 규범화하고 관습화하기 시작하면 언어 체계, 의사소통 체계가 만들어진다. 그런데 우리 인간은 이것이 모두 인간에 의해 행해진 훈련(주로 먹이를 이용한 훈련)으로 그렇게 될 수 있다고 생각한다.

밤비의 경우는 반대였다. 고양이가 주도적으로 패턴을 만들고, 인간인 우리에게 그 패턴을 인식할 수 있게 만들고, 마치 암호처럼 그 패턴의 의미를 풀게 만들며 종국에는 우리가 그것을 받아들이도록, 인간의 습관으로 만들도록 관습화하고 규범화하는 것이다. 밤비를 키우기 시작하면서 나와 아내는 정말로 언어학자라도 되는 양 행동하며 '말하는 밤비'를 관찰했다.

통상적으로 사람들은 고양이를 떠올리면 자동적으로 '야옹' 하는 울음소리를 연상한다. 고양이가 운다는 것, 동물이 운다는 것은 어떤 의미를 갖는 것일까? 고양이들은 본래 특수한 경우가 아니면 잘 울지 않는다. 교미를 하기 위해 발정기의 암컷이 수컷을 부를 때나 영역 다툼을 벌일 때, 새끼와 관련해 중대한 위기가 닥쳤을 때 소리를 낸다. 그러나 인간과 접촉하기 시작한 고양이들은 인간에게 유독 다양한 소리를 낸다. 다른 동물에게는 거의 내지 않는 소리다. 인간에게만 그런 소리를 내는 이유는 인간이 말하기 때문일 것이다.

밤비를 키우면서 나는 언어에 대해 꽤 구체적인 생각을 가지게 되었다. 언어는 일차적으로 짝을 부르는 것으로, 성적 본능에 따라 촉발된 것이다. 두 번째로 언어는 서로에게 인지되고, 습관화되고, 약속된 일련의 행위들을 코드화한 것이다. 우리는 행위 규칙들을 DNA 처럼 캡슐화해 우리 자신의 외부에다 물질처럼 기능하도록 만들어 놓았고, 이것이 언어다. 그러므로 말한다는 것은 그 물질을 타인에게 가져다 놓는 것 즉, 선물 행위다.

밤비는 직접적 행동으로만 말하는 것이 아니라 실제로 매우 다채로운 울음소리를 갖고 있었다. 울음의 강세와 음조, 뉘앙스가 서로 다르고 그 소리가 누군가의(아마도 집사들의) 특정 행동을 촉구하기 위함이라는 것을 집고양이를 키워 본 사람들은 알고 있다. 그 중에는 유달리 음성으로 말하는 것이 발달한 아이가 있다. 밤비가 그런 경우다. 밤비는 다양한 언어적 습관을 가진 고양이였고, 우리 집에서 언어적 능력이 가장 뛰어난 고양이였다. 그녀가 그렇다는 것은 그녀가 타고난 스토리텔러임을 짐작케 한다.

밤비에게는 또 다른 특기할 만한 사항이 있었는데, 그것은 사람 아이가 엄지를 물고 빠는 행위를 하는 것처럼 자신의 팔뚝을 빠는 행위를 한다는 것이다. 너무 심하게 빨아대서 팔뚝의 한 부분이 마치 젖꼭지처럼 부풀어 오른 모습으로 변형이 되어버렸다. 처음에 발견하고는 너무 놀라 병원에 데려갔지만 다행히 그것은 혹이나 지방종 같은 게 아니었다. 말 그대로 그것은 '의사(擬似) 젖꼭지'였다. 눈도 제대로 뜨지 못한 상태로 어미와 너무 일찍 떨어진 탓인지 밤비의 젖 먹는 유사 행위는 그녀가 15살이 되어 명을 다할 때까지도 계속되었다.

그 버릇에서 유추할 수 있는 것은 그녀가 일생에 걸쳐 약골로 살아갈 가능성이었다. 그것은 사실이었다. 혈소판 감소증이라는 특이 질환이 발병됐고, 예방 주사를 맞췄음에도 고양이 백혈병과 같은 유행병부터 방광염까지 크고 작은 질환에 시달렸고 병원에도 자주 다녔다. 혈소판 감소증이 있는 고양이는 수술을 받아야 할 중병이 걸려도 수술을 진행하기 어렵다. 간단한 지방종을 피부에서 떼어내는 수술을 받으려고 해도 스테로이드를 몇 주에 걸쳐 복용해야 하며 그래 놓고도 안심할 정도로 혈소판이 증가하지 않아서 고생할 수 있다.

이 모든 것이 건강이라는 측면에서는 비극적이라고 말할 수 있겠다. 그러나 약한 건강은 밤비의 뛰어난 미모와 스토리텔러로서의 능력과 맞물려 주변의 스포트라이트를 자신에게 끌어들이는 강렬한 특이성을 형성하는 요소였다. 피에르 클로소프스키가 지적한 바처럼 니체의 건강이 니체의 사상을 이루는데 결정적이었다면 밤비의 건강은 극적 무대에 오른 배우처럼 자신을 연출하는 퍼포먼스를 이루는데 결정적인 요소였다. 밤비는 어디에서나 사람들의 관심을 끌었고 이목을 자신에게 집중시킬 수 있는 행동을 했다.

나는 지금 밤비에 대해 스토리텔러라는 말을 아무렇지도 않게 했다. 스토리텔러는 상징을 이해하고 그 상징의 기반을 전달하는 자다. 찰스 샌더스 퍼스(Charles Sanders Peirce)[5]에 의하면 상징은 습관 체계다. 습관 체계는 유전자적 특성에 따른 생리적인 것과 관계들 속에서 습득되는 것을 포함한다. 반복적인 버릇, 태도, 인식이 관습이 되고 문법적 체계와 같은 것이 되고 점차 그 의미가 습관화되면서 마치 생득관념인 것처럼 받아들이게 된다. 이 습관의 체계가 상징 체계다. 상징이 습관이라는 것을 염두

---

5) 미국의 과학자, 논리학자, 철학자로 프래그머티즘(Pragmatism)의 창시자로도 알려져 있다. 생전에 자신의 저서를 출판하지 않았고, 사후 여러 저널에 발표한 논문과 미발표 글들을 선별해 엮은 선집들이 출판되었다. 그의 실재론적 철학 사상에서 중요하게 다뤄지는 기호학 이론에 대해서는 대표적으로 다음의 논문이 있다. C. S. Peirce, "Logic as Semiotic: The Theory of Signs,"(1897). [국역본] 찰스 샌더스 퍼스, <퍼스의 기호 사상>(김성도 옮김, 민음사, 2006). 또 다른 소개로는 제임스 훕스(James Hoopes)가 편집한 <Peirce on Signs: Writings on Semiotic by Charles Sanders Peirce>(The University of North Carolina Press, 1991)가 있다. [국역본] <퍼스의 기호학>(김동식, 이유선 옮김, 나남출판, 2008)

에 둔다면 우리는 동물도 인간만큼이나 상징계를 갖고 있으며, 다양한 상징을 만들 수 있고, 이미 만들고 있다고 해야 한다.

앞서 나는 밤비의 '등 올라타기' 행위에 대해 잠깐 언급했었다. 그 행위는 인간이 관습을 만드는 행위와 크게 다르지 않다. 관습을 만드는 행위에는 모방, 학습, 전파, 약속하기, 반복하기 등 모든 것이 담겨 있다. 밤비는 '등 올라타기'와 같은, 얼핏 부자연스럽고 그 종의 생득적인 것과는 멀리 떨어진 습관을 꽤나 여러 개 만들었다. 그 습관의 대부분이 행위자들의 행위 연결로 이루어져 있다. 밤비가 어떤 특정 행동을 의식적으로 하면 그에 따라 내 행동이나 아내의 행동이 대응하고 재차 밤비의 또 다른 행동이 이어지는 식이다. 전체 행동이 하나의 습관 계열을 이루며 그 습관은 밤비와 우리 사이에 마치 인간의 의례, 상징 의례처럼 특정한 의미를 갖는다. 이것은 시나리오가 있는 행동이며, 연출된 연극적 행동으로 다른 행동과 확연히 구별된다.

사람들은 동물이 이럴 수 있다는 것을 알기 때문에 훈련 혹은 '핸들링'이라고 부르는 교육을 통해 고양이를 길들일 수 있으며 인간친화적으로 만들고 결국 우리의 필요에 따라 그들과 소통할 수 있다고 생각한다. 분명 동물은 인간만큼이나 상징화 능력이 있다. 그러므로 반대로 인간이 아니라 동물 쪽에서 인간을 길들일 수도 있는 것이다. 우리 인간이 동물에게 길들여지는 것. 나는 이것이야말로 우리 인간의 협소하고 앙상하고 이기적인 상징계에 새로운 깨달음을 주고 우리의 독단적인 상징계를 해체하고 새로운 습관을 열어갈 수 있는 희망을 주는 진정한 창발적 비전이라고 생각한다.

나는 상징화하는, 달리 말해 의미 혹은 세계의 관계적 의미를 만들기 위해 반복해서 우리에게 알려주고 신호를 보내는, 단지 배가 고프다는 것을 알리기 위한 것이 아닌 밤비의 의식적인 행위를 처음에는 히스테리, 최근에는 '연극성 인격장애'라고 불리는 장애의 일종이라고 생각한 적도 있다. 한마디로 주위의 이목을 집중시키고 관심을 받기 위해 유별나게 두드러진 행동을 하는 정신적 장애가 아닌가 하는 생각을 해 본 것이다. 밤비의 행동들을 어쩌면 소위 '관종'이라고, 우리가 혐오적으로 부르는 그런 행동들로 받아들일 수도 있을 것이다.

나는 동물들도 정신병이 있을 수 있음을 부정하지 않는다. 그러나 밤비의 행동은 병이 아니다. 그것은 고양이 혹은 동물들이 인간과의 관계에서 습관 체계를 만들기 위한 행동이다. 그래서 거꾸로 이렇게 생각해 볼 수 있다.

우리는 우리의 습관 체계에 새로운 습관을 불러들이려고 하는 사람들에 대해 너무 쉽게 병에 걸렸다는 사회적 진단을 내리고 있는 것은 아닐까 하는. 이미 굳어진 습관 체계에서 다른 습관을 끌어 들이려는 사람은 미쳤다고 매도당하기가 너무 쉽다.

우리는 보통 제도를 바꾸기는 쉬워도 습관을 바꾸기는 결코 쉽지 않고, 불가능하기까지 하다고 한다. 물론 습관은 제도보다 바꾸기가 확실히 어렵다 할 수 있지만, 정말로 불가능한 것은 아니다. 만약 그것이 불가능하다면 인류의 역사에서 다양한 서로 다른 상징들, 모계 사회의 흔적과 그 상징들처럼 다른 문명의 상징과 같은 것들이 곳곳에서 발견될 수 없었을 것이다. 반대로 우리는 새로운 습관을 만들기 위해서는 새로운 제도를 고안해내는 것이 더 쉽다고 생각해 볼 수도 있다. 제도는 습관을 전제하며 습관을 전제하지 않는 제도는 실패한다. 그러므로 어떤 행동이 병으로 분류될 수는 있겠으나 그것은 건강과 관련해서 일뿐이고, 연극성 인격장애라는 사회적 장애는 존재하지 않는다. 문제가 되는 어떤 행동은 새로운 습관이 아직 습관이 되지 못하고 있을 때 그것이 만들어지기를 기대하는 예비적, 전(前)의식적 행동으로 볼 수 있다.

상징인류학의 큰 이름인 빅터 터너(Victor Turner)[6]는 사회적 의례의 과정을 연극으로 볼 수 있는 길을 열어놓았다. 혈족 관계, 물물 교환, 통치 체제와 종교 등등 각 부분에 관한 합의된 체계로 문화가 구성된 것이라는 문화 구조주의적 시각과 반대로 터너는 사람들의 공통된 이해와 경험이 어떻게 생성될 수 있는지에 대한 새로운 투시(透視)법이 필요하다고 생각했다. 의례와 같은 상징 의식에 관한 탐구에서 터너는 의례와 상징이 같은 의례를 사용하는 이들 사이의 정신적, 집단적 기억장치이기에 그로부터 공통의 이해와 경험이 생성되었다고 하는 주류 문화인류학의 해석에 반대하면서, 의례가 구성원들이 적극 참여하여 현실을 체험하게 하는 현실 체험의 통로로써 연극적 과정임을 주장했다.

터너의 주장은 쉽게 말해, 예컨대 디즈니랜드로의 여행을 만약 성인이 되기 전 아동들의 통과 의례라고 간주한다면, 그것은 디즈니랜드가 아동 집단의 기억 저장소여서가 아니라 현실을 받아들이게 될 예비 구성원들에게 상징

---

6) 영국의 사회인류학을 대표하는 스코틀랜드 출신의 인류학자. Victor Turner, <The Ritual Process: Structure and Anti-Structure>(1969). [국역본] 빅터 터너, <의례의 과정>(박근원 옮김, 한국심리치료연구소, 2005). <From Ritual to Theatre: The Human Seriousness of Play>(1982). [국역본] <제의에서 연극으로>(이기우, 김익두 옮김, 현대미학사, 1996)

계적 현실의 유사 혹은 의사 체험을 가능하게 해주기 때문이라고 말하는 셈이다. 사회에 나가 직장인이 되어 받은 첫 월급으로 가족의 내복을 사는 것이나 특정한 날 쇼핑센터에 가서 특정 물건을 사는 것이 의례라고 한다면 그것은 그 물건이 집단 기억을 담고 있기 때문이 아니며, 우리가 받아들여야 하는 특정한 어떤 현실을 체험하기 위한 것이다. 즉, 첫 월급으로 내복을 사는 의례는 우리 사회에서 가족이 차지하는 의미와 위상을 우리에게 체험하게 하고 그 가족 관계 내로 우리가 들어가 상징적으로 결속되고 맺어지는 것을 우리가 수용한다는 것을 의미하는 것이다. 의례 행위는 그 의례를 행하는 그 사회의 '사회성', 그 자체를 수용하는 행위다.

은뎀부 부족과 생활하며 그들의 의례를 관찰하고, 참여하고, 재현까지 해 본 그의 분석은 1960년대와 68혁명이라는 격변기와 사회 혼란기 속에서 책으로 출간된다. 의례를 현실 체험적이고 모두가 참여하는 연극이라고 보는 그의 통찰력이 이 시기에 영향을 주고 각광받았음은 물론이다. 반문화 운동이 활성화되고 실험극을 비롯한 실험예술이 꽃을 피우던 시기, 온갖 실험적인 제도를 발명하기 위한 열정이 분출하던 시기에 터너의 책은 그 모든 정치적, 반문화적 반항 행위를 새로운 의례를 창출하는 과정으로, 새로운 현실을 만드는데 있어 필수적으로 거쳐야 할 과정으로, 그 과정에 참여하는 주체들을 연극적 무대의 배우들처럼 보이도록 고무하는 것이었다.

'시카고 세븐'의 주역들인 민주사회학생회(SDS), 청년국제당(YIP), 베트남전 종식을 위한 국가 동원위원회(The MOBE) 등 다양한 조직에서 뭉친 신좌파라 불린 이들은 하나같이 개성적이었다. 애비 호프만과 제리 루빈이 대표적이지만 사실상 누구라고 할 것도 없이 이 사건에 가담한 주요 인물들의 면면이 언론매체를 잘 활용하고 사람들의 주목을 끌 줄 아는 연극에 익숙했다는 점도 우연은 아니다. 이피(Yippie: YIP+Hippie의 약어)는 카니발을 흉내내어 돼지를 자신들의 당 대통령 후보로 지명하는 퍼포먼스를 벌이기도 했다. 그들의 혁명 추구는 경제나 정치 혁명이 아니라 상징계를 바꾸고자 하는 기도였다. 유럽의 68혁명도 마찬가지였다. 연극성 인격장애, 히스테리처럼 보이는 그 행동들은 기존 습관 체계에 의문을 표시하고 그때까지의 습관을 바꾸고자 하는 퍼포먼스였다. 그것은 상징계 혁명이었다.

밤비의 타고난 화려하고 비단결 같은 피모, 아름답고 매력적인 얼굴과 체형, 그리고 약한 체질은 분명 연극성과 히스테리적 측면을 갖는 것처럼 보인다. 그녀는 내가 자신을 보지 않고 외면하면 내 책상 위의 모든 것을 바닥으로 하나씩 떨어뜨린다. 매우 상징적이게도 펜으로 시작해서 보고 있던 책들을 다 떨어뜨리고, 그리고 나서도 분이 풀리지 않으면 화장지를 곽에서 전부 뽑아낸다. 키보드를 발로 찍어서 문서를 엉망으로 만들고 마우스를 쥔 손 위에 웅크리고 앉는다. 밤비처럼 이렇게 끈덕진 고양이를 예나 지금이나 접해본 적이 없다. 나는 이걸 밤비의 나에 대한 집착이라고 판단해서 은근히 좋아한 적도 있다. 우리는 고양이를 기르지만 아직까지도 너무 오이디푸스적이다. 나도 모르게 오이디푸스적으로 생각하고 행동할 때마다 깜짝 놀란다. 남아의 어머니에 대한 집착, 아버지와의 경쟁. 그 반대로 여아의 아버지에 대한 집착, 어머니와의 경쟁. 그러나 밤비의 히스테리적 행동은 결국 무언가 요구가 있어 말하는 사람이 말을 하고 있는데 들어야 할 사람이 듣지 않는 것에 그 배경이 있다.

밤비에게는 시나리오가 있으며 연극적 언어를 구사한다고 인식하는 나와 아내의 의식의 정점에는 밤비가 원하는 것을 펼치게 될 무대를 지칭하는 단어가 있다. 바로 '셋팅(Setting)'이다. 밤비는 잠들기 전에 매번 자기가 누울 곳을 선정해 자리를 잡는데, 대부분 내 다리 사이이거나 아내의 다리 사이로 낙점된다. 사실 그보다 우리 부부

사이, 그러니까 침대 한가운데를 가장 선호한다. 밤비가 자리를 선정하면 선정된 대상자인 나 혹은 아내는 먼저 이불을 곱게 그 자리에 깔아야 한다. 이미 이불이 곱게 깔려 있다면 주름 한 점 없이 새로 펴주는 시늉이라도 해야 한다. 그리고 이불 속으로 들어가 밤비가 만족할 만큼의 공간이 나올 수 있도록 다리 넓이를 조정해 벌리거나 몸을 가누어 움직여야 한다. 다리를 알맞은 각도로 벌리거나 부부간의 간격을 조정해 공간을 만들고 나서도 다시 이불을 평평하게 펴고 도닥이는 동작을 해야 한다. 여기서 중요한 것은 손끝 하나까지 정성을 실어야 한다는 점이다.

그렇게 하면 우리가 부산 떠는 것을 처음부터 지켜보던 밤비가 드디어 자리를 잡는다. 그렇다고 바로 눕는 게 아니다. 다리 사이로 온 밤비는 우리가 이미 평평하게 펴 놓은 이불을 마치 땅을 고르듯이 다시 고르고 다지기를 반복한다. 대지를 확보하고 그 대지를 고르게 하는 밤비의 작업이 끝나면 이제 이불은 우리의 벌린 다리의 각도와 넓이의 윤곽을 표시하는 지도가 되며, 우리의 다리와 몸은 밤비를 둘러싼 진지, 성곽으로 구축된다.

그렇게 빈틈없이 한 뒤에야 밤비는 우리에게 손길을 요구한다. 그러면 우리는 바삐 손을 놀려 밤비를 반질반질 윤이 나도록 쓰다듬어 주어야 한다. 그 순간 손길은 밤비에게 있어 자동 기계가 된다. 손길마저 자신의 마음에 들었을 때 밤비는 자기 팔뚝을 빨기 시작하면서 기분 좋을 때 내는 우렁찬 갸르릉 소리를 낸다. 지금까지 묘사된 과정 속에 어느 것 하나, 하나의 요소라도 틀어지게 되면 갸르릉 소리는 멈추고, 우리는 매섭게 주시하는 밤비의 눈을 마주해야 한다. 이것이 셋팅이며, 이 셋팅은 밤비의 세계관 속에서 밤비가 우리에게 요구하고 기대하는 것의 최정점에 있다.

우리 인간과 마찬가지로 동물은 건축학적인 설계라는 개념, 혹은 도구나 기계적 장치라는 개념을 이해하고 있다. 그 개념의 총합을 셋팅이라고 부를 수 있을 것이다. 나와 아내는 마치 '셋팅이 제대로 안 되어 있어'라는 밤비의 비난을 실제로 듣는 것 마냥 행동한다. 결국 습관은 셋팅을 통해 비로소 의미를 가진 습관으로써 완성되는 것이다. 밤비는 우리와 자신 사이의 관계를 새로운 습관으로 구체화하여 우리를 길들이고, 그 습관을 설계에 따른 장치와 기계들로 셋팅함으로써 우리와 밤비가 공유하는 이 세계-우리들이 경험하는 관계들의 총합-의 공통성을 만들어냈다. 여기서 셋팅이 우리 사회의 제도, 제도 속에 들어있는 의미와 같다는 것을 굳이 길게 설명할 필요는 없을 듯하다.

서열과 위계에 있어서 밤비는 초롬을 깍듯이 대했다. 초롬의 성격적 특성 때문이기도 하지만 처음부터 초롬은 밤비를 귀찮고 성가신 존재로 여겼다. 자기보다 작고 어린 것이 새로 들어온 데에 탐탁지 않게 여겼던 초롬은 밤비에게 조금 야박하게 굴었다. 그렇지만 밤비는 단 한 번도 초롬에게 맞선 적이 없으며 늘 명랑하게 초롬을 따랐다. 나는 이 점을 그다지 중요하게 생각하지 않았는데, 이후 밤비 밑으로 밤비보다 나이가 많은 고양이나 나이가 비슷한 힘 센 수컷 고양이가 들어왔을 때 서열에 엄격함을 보이는 밤비를 보고서야 밤비가 서열을 중히 여기는 고양이라는 것을 알게 되었다.

밤비에게는 확실히 집에 들어온 순서가 곧 서열이었다. 자신은 두 번째로 집에 들어왔기 때문에 나이가 어려도 초롬에 이어서 둘째로서 집에 대한 지배권을 갖는다는 의식을 확실히 갖고 있었다. 초롬의 성향상 지배권을 거의 포기하다시피 하게 되었으므로 집을 실질적으로 지배하게 된 고양이는 밤비였다. 나와 아내는 이것을 고양이의 개체수가 점점 늘어나면서 고양이들 사이의 힘의 지배 관계와 사회적 상호 관계가 인지되기 시작한 한참 이후에나 알게 되었다. 밤비는 여왕이었다.

삶-권력

공교롭게도 첫 번째와 두 번째 모두 암컷이 집에 들어왔기 때문에 우연히 일어난 일인지도 모르겠다고 생각한 적이 있다. 그러나 혹시 그게 고양잇과 동물의 특성이 아닐까 생각한 적도 있다. 무슨 얘기인가 하면, 고양이 사회에서 권력은 누구에게 있는가에 대한 생각을 했다는 것이다. 노골적으로 말해 권력은 남성에게 있는가, 여성에게 있는가에 대한 답이다.

우리는 한 무리의 사자 가족이 한 마리의 수컷과 다수의 암컷, 그리고 그 새끼들로 이뤄졌다는 것을 알고 있다. 일부다처제의 가부장적 인간 가족의 외형처럼 보여지지만 실질적인 성 역할에 대해 우리가 아는 바는 거의 없다. 가까이서 고양이 사회를 관찰한 내 경험에 비춰봤을 때, 장소의 동물인 고양이 사회에서 장소의 통제자이자 관리자는 주로 암컷이 맡는 것처럼 보였다.

고양이들은 사람과 함께 살아도 자신이 주인이라고 생각한다. 반려묘와 함께 사는 인간들이 자신을 스스로 '집사'라고 인식하는 것에는 이유가 있다. 고양이들이 정말로 집의 주인을 자신으로 생각하기 때문이다. 그리고 고양이 여러 마리와 함께 살면 장소를 점유하는 권력은 암컷에 있는 것이라고 생각할 수밖에 없다.

장소(집)는 그곳, 그 지역이 재생산이 이뤄지는 영역이라는 점에서 재생산의 키를 쥐고 있는 암컷의 장소라고 할 수 있다. 그곳, 그 지역에 태어난 새끼 고양이들은 그 '장소'(지역적)에 등록되고 그 장소의 재생산을 통제하는 암컷 권력자의 통제를 받게 된다. 등록은 인간의 명부처럼 혈연 체계적인 것이 아니라 장소적이라는 측면에서 영토적이라고 부를 수 있다.

말하자면 새끼는 누구의 아들이나 딸로 등록되는 것이 아니라 한 지역의 새끼로 대지에 등록되는 것이라 할 수 있다. 그리고 그 대지는 그곳을 점유하고 있는 암컷 고양이의 통제 영역이므로 암컷 고양이에게는 자신이 점유한 대지에 등록된 새끼들에 대한 공동 책임이 있다. 한 동네의 길고양이 무리를 오랫동안 관찰해보면 이 점을 더 분명하게 알 수 있다. 한동네는 그 동네의 암컷들에 의해 공동 통치적 형태를 띠며 공동 관리적 형태를 띠고 있다. 이것은 나만의 생각은 아니다. 역시 고양이를 기르며 오랫동안 집고양이와 길고양이를 번갈아 관찰한 동물학자 존 브래드쇼는 이렇게 썼다.

"고양이 가족은 모계 중심이다. 길고양이나 농장 고양이는 2대(자매와 녀석들의 새끼들)나 3대(어미, 자매, 자매의 새끼들)가 모여 살며, 그들은 의식적이라기보다는 본능적으로 제 새끼 남의 새끼 가리지 않고 함께 돌보며 평생 서로를 신뢰하며 살아간다. 한편 출산한 지 얼마 안 된 암컷들은 자기 가족이 낳지 않은 새끼도 선뜻 받아들이는 경향이 있다. 그래서 몇몇 구호단체는 어미 없이 구조된 새끼 고양이를 돌볼 때 녀석들의 도움을 받기도 한다."7)

존 브래드쇼에 의하면 고양잇과 동물들은 대부분이 모계 중심이다. 가족 무리에 아주 소수의 수컷만 받아들이거나 그도 아니면 모든 수컷을 무리에서 쫓아낸다. 암컷들이 그렇게 하는 이유는 새끼들을 보호하기 위해서다. 문헌 연구를 통해 존 브래드쇼는 암컷이 발정을 해야만 수컷이 섹스를 할 수 있는데 새끼를 키우는 암컷은 발정하지 않으므로 의도적으로 발정을 일으키기 위해 수컷이 새끼를 죽일 수 있다고 분석했다. 즉, 수컷은 암컷과 섹스를 하고 싶어서 새끼들을 해칠 수 있으며 이것은 무리에 커다란 위

---

7) John Bradshaw, <Cat Sense>(Basic Books, 2013). [국역본] 존 브래드쇼, <캣 센스>(한유선 옮김, 글항아리, 2015), p.246

협이 된다. 그래서 고양이 무리에서 수컷을 쫓아내는 것이라고 브래드쇼는 설명한다. 모계 가족을 떠난 고양잇과 수컷 대부분은 떠돌이 생활을 한다.

확실히 모계 중심 사회가 고양이들의 생존과 번식, 양육, 그리고 종의 발달과 발전, 사회화에 유리한 것은 사실인 것 같다. 그러나 모계 중심을 혈연적 체계인 '가족' 단위로만 축소해서 생각할 이유는 없다. 그보다 중요한 초점은 고양이 새끼는 대지에 등록되고, 등록된 대지를 관리하는 것은 역시 그 대지에 등록되어 있는 암컷들의 욕망, 권리와 책무라는 점이다. 먼저 삶이 등록되어야 하는 대지가 있으며 그것을 토대로 대지에 대한 암컷들의 공동 통치가 성립한다.

한 생명이 혈연적 체계가 아니라 무엇보다 대지에 등록되는 것으로 보는 사회 분석은 낯선 것이 아니다. 철학자 질 들뢰즈와 정신분석가이자 사회운동 활동가인 펠릭스 가타리는 함께 쓴 〈안티 오이디푸스〉에서 이렇게 말했다.

"욕망과 생산의 야생의 원시통일체가 대지다. 왜냐하면 대지는 노동의 다양하고 분할되는 대상이기만 한 것이 아니라, 또 분할될 수 없는 독특한 실체, 즉 충만한 신체이기 때문이다. 충만한 신체란 자연적인 또는 신적인 전제로서 생산력들 위에 포개져 이 생산력들을 자기의 것으로 삼는 신체다. 토양은 생산의 경계이고 소유의 결과일 수 있다. (…) 대지는 토양의 공동 소유와 공동 사용의 조건이 되는 것이다. 대지는 그 위에 생산의 모든 진행이 등기되고, 노동의 대상들, 수단들 및 힘이 등록되고, 노동의 준원인들과 생산물들이 분배되는 표면이다. 여기서 대지는 생산의 준원인 및 욕망의 대상으로서 나타난다. 그러므로 토지기계는 사회체의 최초의 형태이자 원시적 등기의 기계이자 사회 터전을 덮는 <메가머신>이다."[8]

물론 위의 분석은 인간 사회에 대한 인류학적 분석이다. 그러나 놀랍게도 고양이 사회도 마찬가지다. 들뢰즈와 가타리의 분석에서 인간 사회는 인간이 대지에 등록되는 과정 이후 혈연적 부자 관계에 등록되는 과정으로, 오이디푸스적 가족에 등록되는 과정으로, 전제 군주의 장부에 등록되는 과정으로, 자본주의 기계에 등록되는 과정으로 이접되고 중첩되며 변화하는 모습을 묘사한다. 그 등록과정의 변화에 따라 삶-권력의 구성도 변한다.

---

8) Gilles Deleuze and Félix Guattari, <L'Anti-Oedipe>, 1972, Les Editions de Minuit. English language translation: 1983, University of Minnesota, p.140-141. [국역본] 질 들뢰즈, 펠릭스 가타리, <앙띠 오이디푸스>(최명관 옮김, 민음사, 1994), p.215

위의 분석대로라면 고양이 사회는 대지가 등록 기계인 야생의 토지 사회에 머무르고 있는 것처럼 보인다. 그리고 고양이 사회의 삶-권력은 부계 사회로 넘어가지 않고 여전히 암컷들의 공동 통치형태를 이룬다. 한마디로 고양이는 대지 위에 선 '야생 인간'이다. 만약 문명화된 자본주의 사회가 붕괴되고 있다고 한다면 그것은 삶 혹은 생명이 등록되어야 할 대지가 부족하거나 피폐해졌다는 의미에서다. 대지의 결핍, 대지의 부족, 대지가 사라지고 있다는 것이 진짜 문제다. 그리고 아마도 도래할 사회는 이 대지를 되찾는 것에서 시작될 것이라고 나는 생각한다. 그리고 그곳에서 '야생 인간'이 새롭게 서식지를 이룰 것이다.

대지에서 수컷은 어떤 역할을 하고 있는 것일까? 암컷의 역할에 비해 수컷의 역할은 명확하지 않는 것처럼 보인다. 수컷은 정말 암컷과 섹스를 하고 싶어 새끼를 죽이기 때문에 무리에서 쫓겨난 것일까? 그로 인해 수컷은 결국 대지에 등록되지 못하고 대지에서 추방된 것일까? 혹시 수컷의 추방에 다른 이유는 없을까? 대지 혹은 장소에 등록된 새끼들에 대한 공동 양육의 의무에서 면제된 고양이 수컷은, 그래서 마치 삶-권력에서 한 발짝 비켜난 예외자처럼 보이거나 주변자, 배회자, 떠돌이처럼 보인다. 그리고 그 외양의 모습은 고양이 세계에서 토지 기계가 만드는 수컷의 독특한 역할과 분명 무관하지 않을 것이다.

> "어린 호랑이 수컷은 보통 떠돌이 생활을 하며, 성숙해지면 자신만의 넓은 영역을 개척하기 위해 노력한다. 수컷이 차지하고자 하는 영역은 굶주림을 해결하고도 남을 만한 크기인데, 그 안에서 혼자서 가능한 많은 암컷을 차지하기 위해서다. 특히 능력 있는 수컷은 최대 일곱 마리 암컷이 차지하고 있는 영역 모두를 아우를 수 있다."[9]

이 점은 같은 고양잇과 동물인 고양이 수컷에게서도 발견된다. 수컷만이 독신자라는 의미는 아니다. 무리를 짓지 않고 혼자 생활하는 성향을 지닌 것은 기본적으로 암수 모두 동일하다. 암수 모두 독신으로 생활하지만, 암컷은 모계 가족을 중심으로 자신이 차지하고 있는 생활권역과 그 근방을 대지로 갖고 그 이상 멀리 나아가지 않는 것으로 보인다. 이에 반해 수컷은 좀 더 큰 지역을 아우르고 있다. 수컷은 암컷들이 차지하고 있는 지역들을 넘나들면서 최대한 멀리 나아가 대지를 넓히고 확장하려고 한다.

---

9) 존 브래드쇼, 위의 책, p.243

이 수컷의 멀리 나아감, 이것이야말로 출산과 생식이 아니라 대지 그 자체를 창조하고 생산하는 진정한 독신자 기계의 운명이다. 우리는 이 멀리 나아감, 나아갈 수 있는 만큼 나아가려는 이 대지에의 의지, 하늘과 대지가 만나는 지평선을 향해 가속하려는 이 기계적 욕망을 전쟁 기계라 부를 것이다. 이것은 우리가 차후에 살펴볼 주제다.

안티 엘렉트라

들뢰즈와 가타리가 유럽의 68 혁명을 경유해 1971년에 내놓는 '자본주의와 정신분열증' 1 권의 타이틀은 〈안티 오이디푸스〉다. 제목을 중심으로 책을 읽어보자면, 이 책은 자본주의가 지배하는 경제, 정치, 문화 등 우리 사회 전반이 지나치게 오이디푸스적으로 체계화된 것에 대한 비판이라 할 수 있다. 오이디푸스 신화는 의식적이었건 무의식적이었건, 알고서 행해진 것이었건 모르고 행해진 것이었건 아들에 의한 아버지 살해의 드라마다. 이 오이디푸스 신화는 너무나 강력한 스토리텔링이어서 역사는 이것의 반복이자 변증법적 운동의 전개인 것처럼 우리를 믿게 만든다. 그리고 프로이트에 의해 개발된 정신분석학은 부자간의 공모와 경쟁의 드라마를 핵가족의 구성원리로 도입하면서 우리의 욕망과 정신이 본질적으로 남근 선망, 남근과 남근의 경쟁과 대결로 압축되는 것을 정상적이고 당연한 것으로 받아들이도록 한다. 그러므로 〈안티 오이디푸스〉는 오이디푸스의 이런 원리로부터 벗어나 욕망을 재분석하고 사회 변화와 사회적 진화의 원리와 동학을 새롭게 이론화하려는 야심 찬 기획이었다고 할 수 있다.

오해하지 말아야 할 것은 반(反)오이디푸스 기획의 목적이 무조건적인 남근 거부에 있는 것이 아니라는 점이다. 반오이디푸스 기획은 인간 행위의 동기를 남근 결핍에서 찾지 않는 것에서부터 시작하는 것이다. 남근에 반대하고, 아버지에 반대하고, 자본주의나 국가가 하는 모든 일이 무조건적으로 자신을 망치는 일이라도 되는 양 반대하는 것은 반오이디푸스가 아니라 오이디푸스 그 자체다. 아버지(남근)를 미워하고 정치적으로 살해하는 것을 통해 역사는 발전하고 사회는 진보해왔다는 변증법적 투쟁의 역사관이야말로 가장 오이디푸스적이다. 역사가 으레 그렇고 사회 역시 그렇기 때문에 계속 그럴 수밖에 없다고 자본주의와 국가는 오이디푸스적 투쟁을 오히려 조장한다.

'나를 미워해도 좋다. 그러나 억울하면 출세하라, 억울하면 권력을 잡아라!' 들뢰즈와 가타리가 오이디푸스 원리에서 본 것은 피지배자의 저항과 부정의 정신이 지배자가 원하는 바로 그 오이디푸스에 갇혀 있다는 점이다. 이것은 68 혁명에 대한 그들 나름의 진단과 성찰, 비판이다. 그들의 책이 나온 지 삼십여 년이 훌쩍 지난 시점에서, 어떤 대척점이나 대립물도 없이 자본주의가 완전히 장악한 현실(그러므로 변증법적 역사 그 자체는 종말을 고했다)을 묘사하면서 마크 피셔는 이렇게 썼다.

> "60년대의 항의 충동은 어떤 악한 아버지, 즉 (이른바) 완전한 향락에 대한 '권리'를 잔인하게 자기 마음대로 부정하는 현실원칙의 선구자 형상을 정립했다. 이러한 아버지는 언제든 무제한적으로 자원에 접근할 수 있으며 또한 이기적이고 무분별하게 그것들을 축장한다. 그렇지만 이 같은 아버지 형상에 의지하는 쪽은 자본주의가 아니라 항의 자체다."[10]

〈자본주의 리얼리즘〉은 우리 피지배자들의 체제 부정과 저항이 여전히 오이디푸스에 갇혀 있음은 물론 우리 앞

---

10) Mark Fisher, <Capitalist Realism>(Zero Books, 2009). [국역본] 마크 피셔, <자본주의 리얼리즘: 대안은 없는가>(박진철 옮김, 리시올, 2018), p.33

에 놓인 미래마저 오직 자본주의적 오이디푸스 신화만을 갖는 세계 같은 것이 되었다고 말하는 책이다. 60년대 저항과 항의의 오이디푸스 세력들은 현재 그들 스스로가 전 지구적 엘리트가 되었음에도 불구하고 무자비하게 축장하는 아버지와의 동일시를 성공적으로 피하고 있다고 피셔는 지적하고 있다. 그들은 여전히 위로부터 짓눌린 아들인 척하며, 남근을 소유하고 있지 않는 척하고 있다. 이 희생자-아들인 척하는, 오이디푸스는 우리 사회에도 있다. 소위 87년 민주화 세대들이 그렇다. 그러나 이 글은 이들에게 관심있는 것이 아니다. 우리가 〈안티 오이디푸스〉 이후 근 오십여 년이 지난 시점에도 오이디푸스에서 벗어나지 못하고 있다는 사실만을 지적하고 싶다. 그리고 이 시점에서 오스트리아 예술가이자 철학자인 엘리자베스 삼소노프는 〈안티 엘렉트라〉[11]를 출판한다.

분명 〈안티 엘렉트라〉의 태도는 〈안티 오이디푸스〉의 페미니즘적 대응의 성격을 띤다. 들뢰즈와 가타리의 철학에 대한 페미니즘적 전유의 대부분이 그들의 '여성-되기' 라는 개념을 중심으로 이론화하는 것이 대부분이었던 점에

11) Elisabeth von Samsonow, <Anti-Electra: The Radical Totem of the Girl>(First published 2006, Minnesota Press, 2019)

비춰 봤을 때, 아버지를 살해한 오이디푸스와 짝을 이루는 것으로서 어머니를 살해한 엘렉트라를 전복하려는 〈안티 엘렉트라〉의 기획은 도발적이다. 삼소노프는 고대 그리스 비극 작품의 주인공으로 널리 알려졌고, 한편으로는 엘렉트라 콤플렉스의 기원이 된 인물로 알려진 이 여성성의 신화에 도전한다.

신화에 따르면 엘렉트라는 미케네의 왕 아가멤논(Agamemnon)과 클리타임네스트라(Klytaimnestra)의 딸로서, 어머니가 정부와 짜고 전쟁에서 돌아온 아버지를 살해하자 그 복수를 위해 남동생 오레스테스(Orestes)와 협력해 어머니를 죽인다. 그러나 삼소노프는 이 신화에 의문을 가진다. 이 신화, 이야기, 비극을 대표하는 이름으로서 엘렉트라가 적절해 보이지 않기 때문이다. 신화에서 엘렉트라는 동생 오레스테스가 어머니를 죽이는 것에 간접적으로 협력한 것 외에 그다지 특별히 돋보이는 부분이 없다. 그리스 비극 3대 작가인 아이스킬로스, 소포클레스, 에우리피데스 모두 엘렉트라의 이야기를 썼지만 그들의 이야기에서도 엘렉트라는 오이디푸스만큼의 주도성을 가지고 행동을 한 정치적 인물이라 평가하기 힘들 정도의 위상을 갖고 있다.

아이스킬로스의 이야기에서 엘렉트라는 어렸을 적 헤어진 동생 오레스테스를 재회하고 복수를 독려해준 후 극에서 비중이 사라진다. 소포클레스의 작품에서도 엘렉트라의 비중은 대동소이하다. 이 작품에서 엘렉트라는 아버지에 충실하고 어머니에 반항하는 자신과는 달리 어머니와 그 정부에게 충실한 자신의 여동생과 갈등하는 모습으로 그려진다. 에우리피데스의 이야기에서 엘렉트라는 임신을 했다는 거짓 정보를 어머니에게 흘려 유인 작전을 펼치는 등 복수에 직접적으로 가담하는 것으로 나온다.

그럼에도 불구하고 마찬가지로 엘렉트라는 보조적인 캐릭터일 뿐이다. 극의 구성에서 오레스테스의 친구 필라데스(Pylades)보다 역할이 적다. 필라데스는 아가멤논이 살해당하자 어린 오레스테스를 데려다 친자식처럼 기른 왕 스트로피오스(Strophius)의 아들이다. 필라데스는 오레스테스와 형제처럼 같이 자랐기 때문에 극 중에서 오레스테스가 방황을 할 때마다 등장해 그를 돕는 조력자 역할을 한다. 이야기의 클라이맥스에서 오레스테스가 친어머니를 죽이는 것에 대해 머뭇거리며 회의적이 될 때 충고를 해주는 것도 필라데스다.

이에 반해 엘렉트라는 전쟁을 위해 자신의 딸이자 엘렉트라의 언니인 이피게네이아(Iphigeneia)를 신에게 제물로 바친 호전적인 전사인 아버지에 대한 무조건적 사랑과 집착을 지닌 인물로 그려진다. 즉, 엘렉트라는 어머니 살해라는 사건에 있어 신탁의 명령이나 명예 회복을 통한 왕좌 계승이라는 정치적 동기와 멀리 떨어져 있고 오직 아버지에 대한 집착으로 인해 어머니를 향해 복수심에 불타는 여성으로 그려진다. 오이디푸스와 엘렉트라는 각각 아버지 증오와 어머니 증오라는 측면에서 동등해 보이지만 오이디푸스는 정치적 동기에 의해 행동하다가 자기도 모른 채 아버지를 죽였고, 역시 모른 채 어머니와 잤다. 반면에 엘렉트라는 아버지와 자지도 않았고, 어머니 살해에 직접적으로 가담하지도 않았고, 정치적 동기는 없었다. 정치적 동기와 행동의 측면에서 오이디푸스와 비슷한 이는 엘렉트라가 아니라 오레스테스다. 오레스테스도 오이디푸스처럼 추방당했다가 귀환해 적법한 혈통에 따라 왕위를 상속받게 되는 인물이다.

엘렉트라 신화와 이야기에서 엘렉트라는 어머니와 그 정부가 공모해 아버지를 살해했다는 것을 증언하는 증인의 역할을 할 뿐이다. 삼소노프는 이 점을 지적하면서 엘렉트라가 이야기를 대표할 수 없는 주인공임에도 엘렉트라 신화의 이름을 가진 것에 의문을 표하며, 이후 고전적 엘렉트라 이야기를 어머니-혐오로 반복적으로 각색하는 정신분석적 해석과 대표적인 현대 작품들을 분석한다. 삼소노프의에 의하면 어머니-혐오가 사실이라면 엘렉트라가 구체적으로 혐오하는 것은 성적으로 왕성한 어머니의 권능이며, 그 혐오는 사실상 남근-선망에 대비되는 질-선망이라고 볼 수도 있다고 주장한다. 그리고 이때의 어머니는 왕권과 부권에 의해 아직 오염되지 않은, 오이디푸스적이지 않은 원초적 여성성으로서 모계 사회의 주권을 의미한다고 주장한다. 어머니 클리타임네스트라의 정력적인 교미와 도끼를 들고 행하는, 남편인 왕에 대한 무자비한 살인, 출산에 대한 본능적인 충동은 억압된 원초적 여성성의 폭발, 다시 말해 부계 사회의 왕권에 억눌린 모계 사회의 폭발로 볼 수 있으며, 이것이 엘렉트라 신화에서 은폐되고 내러티브에서 삭제된 정치적 갈등의 중핵일 수 있다는 것이다.

이 해석이 타당하다면 질-선망을 가진 엘렉트라가 어머니 살해에 가담하는 이유는 무엇일까? 에우리피데스 판본의 이야기에서 엘렉트라는 아버지 아가멤논이 살해당한 후 궁전에서 쫓겨나 농부와 강제로 결혼하게 된다. 하지만 그 남편과는 어떤 관계도 맺지 않는 것으로 나온다. 어머니를 함정에 빠뜨릴 요량으로 거짓 임신 사실을 알리지만 정작 출산은 하지 않는다. 이 판본의 이야기 속에서 클리타임네스트라는 엘렉트라가 임신했다는 전갈을 받고 자신이 위기에 처할지도 모르지만 한걸음에 엘렉트라에게 달려간다. 삼소노프는 실비아 크론베르거의 해석을 인용해 엘렉트라가 평민의 아이를 낳는 것 즉, 모든 권리를 박탈당하고 신의 저주를 받게 되는, 신분이 미천한 아이를 낳고 또한 그 아이들이 부모를 닮아가게 하는 것에 대해 저항했음을 암시한다. 이는 어머니 클리타임네스트라가 대표하는 원초적 여성성, 출산을 숭배하는 여성성에 대한 반대다. 심지어 엘렉트라는 레즈비언처럼 보이기도 한다.

> "엘렉트라는 출산을 원하지 않는 사람, 여성성에 대한 기쁨을 철회하는 사람, 성욕과 모성이 똑같이 우스꽝스럽다고 생각하는 사람, 오빠를 도구로 사용하는 사람이다. 세기말의 히스테리 수용이라는 맥락에서 엘렉트라는 억압된 섹슈얼리티가 여성 정신을 관통하는 길과 거짓 길의 역할 모델로 볼 수 있다. 경련을 일으키며 몸을 웅크리고 있는 여주인공에게서 새로운 비여성성으로서 자신의 젠더적 충동에서 벗어나고 싶어하는 것이 얼마나 건강에 해로운지 알 수 있다. 이런 식으로 그녀는 오직 반대에만 성공했고 그래서 비극적인 것이다. 그러나 그 반대란 무엇인가? 남성화는 여성의 의미를 제거하거나 더 정확하게는, 상징적 질서와 여성적 존재에 적합한 구조의 규범을 파괴하는 것이다. 엘렉트라

는 질서에서 벗어나 일반적으로 여성과 관련되지 않은 일을 하는 사람이다."[12]

엘렉트라의 질-선망은 여성 동성애로 해석될 여지를 남긴다. 농부와 결혼한 엘렉트라는 여성성에 대한 기쁨을 철회하고 출산을 원하지 않는 다이크(Dyke)나 부치(Butch)로 해석될 수 있다. 그리고 이렇게 해석되어야 이야기의 주변부처럼 보이는 엘렉트라가 어째서 비극적인 신화의 이름을 갖게 되었는지에 대한 단서를 찾을 수 있다.
한편 마지막 문장에서 삼소노프는 엘렉트라를 전기(Electricity)의 어원과 강력히 연결 지으면서 흔히 전기, 기계, 도구 제작과 무관한 것으로 간주되는 여성성을 분자성, 전기성, 가소성, 기계성과 강력히 연결될 수 있는 것으로 볼 여지를 남겨두고 있다. 삼소노프의 도구와 결합된 것으로써의 여성성은 어머니 클리타임네스트라가 남편 살해에 동원한 도끼 분석에 드러난다. 삼소노프에 의하면 이 도끼는 거세와 피(생리)를 상기시키는 도구이자 질(도끼 자국)을 상기시키는 도구다. 그에 반해 엘렉트라는 전기적 도구와 결합한 여성성이다.

12) 엘리자베스 삼소노프, 위의 책, p.18

이런 해석은 〈안티 엘렉트라〉에 대해 몇몇 연구자들이 얘기하듯이 확실히 1990년대에 등장한 여성 펑크록 밴드 비키니 킬(Bikini Kill)과 같은 '라이엇 걸(Riot Grrrl)' 운동을 가리키고 있는 것처럼 보인다. 그러나 내가 보기에 이것은 남성성에 대항해 도끼를 든 어머니-여성과 달리 엘렉트라의 전기적 도구는 자신의 젠더에 대항해 자신을 비여성화하는 변환 도구의 의미로 받아들여야 하는 것으로 보인다. 삼소노프는 엘렉트라의 이야기에서 어머니를 살해한 여자, 남근을 두고 서로 경쟁하는 여자, 즉, 여성 오이디푸스의 이야기가 아니라 '여성성에 대한 기쁨의 거절'(남근과의 결합에서 오는 성적 쾌락에 대한 거절), '출산의 거절'로 자신의 젠더에 대항한 엘렉트라의 모습을 드러낸다. 이것이 반(反)엘렉트라로서의 엘렉트라다. 이것이 엘렉트라 신화가 숨기고, 은폐하고, 억누르고 있는 이야기, 엘렉트라 신화에서 왜곡되고 축소되어버린 엘렉트라의 진짜 이야기다.

이쯤에서 삼소노프는 우리의 관심을 고대 그리스 비극 이전, 오이디푸스 이전의 신화로 그 초점을 바꾼다. 오이디푸스 이후의 신화에 특권을 부여하는 프로이트를 공격하면서 삼소노프는 우리에게 오이디푸스 이전의 신화에 주목할 것을 요청한다. 고대 그리스 비극으로써 엘렉트라 이야기는 부계적 왕권 성립에 의한 모계문화의 축출로 인해 오염되고 왜곡되었기 때문에 전(前)-오이디푸스의 엘렉트라야말로 엘렉트라의 진짜 모습을 드러내 줄 것이기 때문이다. 전-오이디푸스적 엘렉트라를 재구성하기 위해 삼소노프가 꺼내 든 신화는 파시파에(Pasiphae)의 이야기다.

파시파에는 크레타의 왕 미노스의 아내로, 우리에겐 황소에게 강한 욕정을 느끼고 수간을 통해 괴물 미노타우로스(Minotauros)를 낳은 여성으로 알려져 있다. 공교롭게도 엘렉트라로 불리는 별은 '황소자리 17'로도 불리는 청백색 거성이다. 파시파에는 황소와 섹스하기 위해 당대의 뛰어난 발명가이자 건축가, 기계 제작자인 다이달로스(Daedalus)에게 성 기구 제작을 의뢰한다. 그 성 기구는 황소만한 크기의 암소 가죽을 덮어쓴 속이 텅 빈 나무 조각이었다. 파시파에는 조각 속에 들어가 암소 성기에 위치해 있던 구멍을 통해 황소와의 섹스에 성공하게 되고 그 결과 황소 머리에 사람의 몸을 한 미노타우로스가 탄생하게 된다. 미노타우로스는 사람을 잡아먹는 식인 괴물이었기에 크레타의 왕 미노스는 다이달로스에게 미로를 만들어 미노타우로스를 가두게 한다.

이 간단한 이야기에서 사람들의 주목을 끄는 것은 단연 파시파에의 이상 성욕인 수간, 동물과의 섹스다. 파시파에는 이상 성욕에 사로잡혀 괴물을 낳은 병적인 여자로 이해되거나 인간이 아닌 황소를 사랑한 여자로 희화화된다. 신화에서 파시파에의 강렬한 이상 성욕은 신의 저주 때문이라고 설명된다. 자신을 왕위에 오르게 해주면 황소(왕의 자격을 신이 인정해주는 증표)를 바치겠다는 약속을 저버린 미노스 왕에게 분노한 포세이돈이 왕비인 파시파에가 황소를 사랑하도록 저주를 내렸다는 것이다. 그러나 삼소노프는 이것이 전-오이디푸스적 문화인 동물성과 인간성의 결합으로써 '토템'을 설명하기 위한 것이라 분석한다.

이 분석을 통해 삼소노프는 파시파에(또한 반엘렉트라로서의 엘렉트라)를 인간과 비인간 사이의 관계를 생성할 가능성으로 해석하며, 인간이 주변 세계를 이해하고 탐색할 수 있는 더 우수하고 효율적인 기술을 개발하는 것에 대한 호기심과 열정으로 가득찬 엘렉트라로 재구성한다. 삼소노프에게 파시파에 또는 엘렉트라는 모성주의에서 벗어난 여성성, 모든 외부성(이질성과 이국성과 이종성)과의 관계를 생성하는 토템과 그것에 뿌리를 둔 상징적 질서에 대한 상속자로서의 여성성을 의미한다. 그 형상은 장난감과 노는 소녀의 모습이다. 삼소노프에게 소녀-되기는 반오이디푸스에 대항한 가장 강력한 전쟁 기계이자 전-오이디푸스적 상징을 이해하는 분열분석의 핵심이다.

"표면적으로는 전(前)오이디푸스, 아니 토테미즘적 성상도(Constellations: 星象圖)가 그 권리를 상실한 것처럼 보인다. 그러나 그것이 진정으로 영혼(비기억)의 근본적인 경험을 포함하고 있고, 다른 기호들 아래서도 여전히 지속되는 어떤 것이 우리의 분석 대상이라면 토테미즘이 어떻게 그 권리 안에 있지 않을 수 있을까? 우리는 그것(토템)이 사물로 등장하는 본질적인 순간과 그 상징성을 찾아내어 제시해야 한다. 우리의 분석은 토테미즘이 특정 집단의 원시주의가 아니라 잃어버린 자에 대한 욕망을 '이방인'에 대한 욕망으로 실현하는 소녀의 전오이디푸스에 뿌리를 둔 상징적 정치라고 추정한다. 자, 이것은 어떤 이방인일 수 있으며, 그녀는 그것에 대해 어떤 욕망을 가지고 있을까?"[13)]

"아이들 방에는 토템적인 엄마인 위대한 동물이 군림하고 있으며, 그녀 옆에는 정신경제적 이유(엉망인 기억의 안정화)로 작은 규모로 자신을 표현하는 박제 동물, 다채로운 색깔의 대량 생산된 동물들, 아무도 언급하지 않지만 기구 중독의 연결을 따뜻하게 하기 위해 동물 후원자가 거기에 있다."[14)]

---

13) 엘리자베스 삼소노프, 위의 책, p.64

14) 엘리자베스 삼소노프, 위의 책, p.145

삼소노프는 인형, 기구를 갖고 노는 소녀 시절을 상기시키며 인간의 외부성과의 관계를 표현하는 형식으로써의 '기구(Apparatus)', 아마도 토템적 기구일 것이 분명한 그 기구에 대해 말한다. 그리고 소녀는 기구와 떨어질 수가 없다. 소녀는 아버지를 더 이상 필요로 하지 않으며 자신을 외부성으로, 그 외부성이 이질적인 것들의 결합 가능성이라는 측면에서 반인반수를 생산할지도 모를, 이질성 생산의 장소인 미로로 자신을 데려가 줄 기구와 끈끈한 결연을 맺는다. 미로는 소녀의 자궁이다. 〈안티 오이디푸스〉에 대한 응답으로써 〈안티 엘렉트라〉는 분열분석의 대상으로 다음의 것을 추가로 포함시킬 것을 제안한다.

"남근 대상에 대해서는 이미 많이 쓰였다. 그러나 그러나 다이달로스의 이야기는 모성 생식기, 전-오이디푸스적 서클을 상징하는 두드러진 대상을 제시한다. 들뢰즈와 가타리의 정신분열분석적(Schizo-analytical) 사각형(기계적 문Machinic Phylum, 리비도와 자본의 흐름, 내재적 성상도, 영토로 구성된)과는 반대로, 전-오이디푸스의 정신분열신체적(Schizosomatic) 사각형은 다음의 대상들을 포함한다: 기계적 생명력의 입체적인 것, 생명력 있는

> 자연 기계의 것. 네 개의 다이달리안(Daedalian) 객체가 있다: 미궁, 살아있는 조각상, 파시파에의 성교 장치, 인공위성. 세상을 건축적으로 해석하고 대체하는 미로 다음에 그 엔지니어는 앞뒤로 행진하는 자동기계장치들 또는 살아있는 조각품을 가지고 있었다. 미로와 자동기계장치라는 두 물건은 더불어 장난감 모드에서의 모성 생식기를 나타낸다. 움직이는 조각과 예언하는 조각은 미로에 구현된 인간 이전의 어머니에 속하며, 그들은 어머니에게서 발산되어 '입구 앞'을 돌아다닌다."[15]

들뢰즈와 가타리의 〈안티 오이디푸스〉에 비해 삼소노프의 〈안티 엘렉트라〉의 장점은 분자혁명적 정치적 무기를 비교적 구체적으로 제공하는 것에 있다. 오늘날 우리가 여전히 오이디푸스적 자본주의에서 살고 있는 게 맞다면, 오늘날의 안티 오이디푸스란 무엇일까?

2019년 소위 '조국 사태'로 불린 사건을 보면 이 사회 엘리트들의 오이디푸스적 재산 축적 과정이 더욱 고도화되고 있으며 신자유주의에 의해 가속화된 빈부 격차가 사실상 사회 등급(Social Ratings)과 봉건적 신분 세습과

---

15) 엘리자베스 삼소노프, 위의 책, p.163

비슷한 상속(Inheritance) 사회로 고착화된 것을 확인할 수 있다. 사회 등급에 대해 나는 이것을 계급과는 다른 의미와 맥락으로 사용한다. 생산수단의 소유 유무로 나뉘는 계급 개념은 요즘 세상에는 거의 의미가 없다. 대신 넓은 의미의 소비력이나 구매력을 의미하는 경제적 등급이 정치적으로 더 중요하게 되었다. 학력, 사회적 연줄, 직업과 같은 상징 자본도 구매력으로 계산되어 경제적 등급으로 환원될 수 있다. 그리고 이 등급제도는 상속된다. 오이디푸스적 가족은 등급제 자본주의의 근간이다. 등급에 따라 사회적 자원과 사회적 부에 대한 접근권이 제한되는 신용제도와 금융경제를 통해 자본주의 사회는 사실상 미시적 신분제도를 고도화하고 그를 정착시키고 있는 것으로 보인다. 낮은 등급이 부에 접근하려면 높은 등급보다 더 많은 비용을 지불해야 하며, 이 비용은 점점 더 개인 차원에서 감당하기 힘든 것이 되고 있다.

물론 관점에 따라 조국을 수사하는 검찰 권력에 초점을 맞추어 그것을 비판할 수 있다. 하지만 검찰 권력이 공평했건 공평하지 않았건 정의롭건 정의롭지 않았건, 민주화 세대의 오이디푸스-절대 악인 아버지에 대항하는 아들의 소명-가 이 사회를 등급 사회로 만든 것에서 어떻게 책임을 회피하고 있는지, 더 나아가 그들 또한 등급 사회의 수혜자임이 그 자체로 폭로되었다는 것도 확실히 주목할 필요가 있다. 김어준 같은 이는 '억울하면 출세하고 권력을 잡아라'라고 속삭이는 조국의 대중적 좌파 버전이다. 이 모든 것은 체제와 공모하는 좌파의 부화뇌동, 좌파의 타락을 의미한다. 우파는 이 상황을 적절히 활용해 아들을 벌주는 아버지 이미지의 부활을 시도해 비교적 쉽게 검찰권력의 수장을 대통령으로 만들 수 있었다. 이 모든 것이 정확히 오이디푸스적이고, 오이디푸스적이며, 오이디푸스적이었다. 그러므로 우리는 여전히 오이디푸스적 자본주의에 살고 있다.

이 체제에 어떻게 맞서 싸울 것인가에 대해 들뢰즈와 가타리의 저작들이 구체적으로 말하는 것은 그다지 많지 않다. 그들은 마치 현실이 어떻게 작동하는지를 분석하고 그것을 그대로 보여주면 혁명이 일어날 것처럼 생각했는지도 모른다. 그러나 그런 일은 일어나지 않았다. 물론 들뢰즈와 가타리는 주체성의 혁명을 혁명의 근본문제라고 생각한다(레닌의 〈국가와 혁명〉에서 혁명의 근본문제는 국가다). 즉, 기존의 주체성과는 다른 새로운 주체성을 발명하는 것이 곧 혁명이다. 지금 이 글에서 논의하고 있는 맥락에서 보자면 오이디푸스적 주체성과는 다른 주체성의 발명을 요구하는 것이다. 오이디푸스로부터 도망가는 것, 지금 우리를 구성하는 오이디푸스적이고 자본주의적 주체성으로부터 가장 멀리 달아나는 것, 우리 자신을 독신자 기계와 결합시키고 또한 전쟁 기계와 결합하면서 도망가는 것을 통해 우리는 새로운 존재를 발명할 수 있다.

좌파라면 누구나 '억울하면 출세하라'가 틀렸다는 것, 새로운 주체성이 아니라는 것을 알고 있다. 들뢰즈와 가타리의 주장은 너무나 모호해서 오해되기가 너무 쉽다. 절대악인 자본주의 아버지를 상정하고 그것을 대체하는 부드러운 모성 자본주의 혹은 모성 모델의 복지국가라는 환상을 키우기 쉽다. 혹은 자본주의 아버지와 다른 사회주의라는 상상의 아버지를 기다리는 정치. 이것들은 안티 오이디푸스가 아니며 오해된 안티 오이디푸스이며, 오이디푸스의 영원회귀다.

〈안티 엘렉트라〉는 전-오이디푸스의 토테미즘을 끌어들여 우리에게 비남성, 비인간, 비존재와 결속된 새로운 주체성 양식을 요청한다. 그리고 그 무기는 우리를 비존재와 결합시킬 수 있는 토템으로써의 기구다. 독신자가 되는 것, 출산으로부터 도망가는 것, 비출산 교미를 통한 생성에 열중하는 것, 비존재와 결속되는 새로운 사회적 사교양식(이것을 여전히 '가족'이라는 이름으로 부를 수 있을 것인가?) 등 우리는 그 모든 것에 기구를 통해 다가설 수 있다. 어쩌면 분자를 활성화시키는 진동하는 기구인 딜도를 갖는 것만으로도 변화가 생길 수 있을지 모른다. 그것이 오이디푸스적 자본주의를 무너뜨리는 작은 시작일지 모른다. 그렇다면 인구가 줄어들고 있다는 걱정은 오이디푸스적 자본주의에게나 해당되는 것이다.

국가는 가족 단위의 오이디푸스적 임금이나 오이디푸스적 복지 강화를 통해 인구를 확보할 수 있을 것처럼 말한다. 그래서 모성 자본주의를 예찬하는 제스처를 취하기도 한다. 오이디푸스적 가족에 초점을 두는 이 모든 정책은 점점 더 인구에 대한 새로운 사회 등급 제도를 강화하게 될 것이다. 자녀가 없는 독신자에게는 최하위 등급이 부여될 것이다. 국가는 독신자에게 그다지 관심이 없으며, 자본주의의 최대 고객은 오이디푸스적 가족이라서 독신자는 자본주의 사회에서 가장 낮은 등급의 마이너리티 시장을 형성한다. 그럼에도 독신자는 늘고 있다. 그것은 인구 소멸의 전조인가?

인구 소멸이란, 역설적으로 비인구적 생명이 살 수 있는 대지의 확보일 수 있다. 그렇다면 지구에게는 여전히 희망이 있다는 신호다. 독신자는 행성체의 생물학적이고, 기후학적이고, 지층적인 차원에서의 인구 소멸과 등급 체계 소멸을 향한 자생적이고 즉물적 대응이다. 이 비존재의 네트워크, 독신자 사회를 새롭게 발전된 사회로 재구성하고 새로운 행성 건설이라는 긍정적 방향으로 셋팅하는 것이 우리 시대의 과제가 될 것이다.

고양이와 산다는 것 혹은 고양이 사회를 관찰한다는 것은 토템적 상징주의를 다시금 불러들여 인간 사회의 새로운 가능성을 설계해보려는 것과 같다. 고양이 토테미즘은 우리와 동시대를 함께 살아가고 있지만 우리와 매우 다른 사회를 구축하고 있는, 눈에 보이지 않는 사회에 접근하기 위한 통로가 될 수 있다. 고양이는 인간 사회 속에서 도드라지게 눈에 띄며 늘 출몰하지만 인간 사회 속의 소수 부족으로서 고양이 사회로 드러나는 경우는 없다. 그러나 고양이 사회는 없는 것이 아니고, 다만 우리 인간의 상상력이 부족한 탓에 고양이 사회의 지도를 그리지 못할 뿐이다. 나의 관심은 고양이 사회에 우리가 접근할 수 있는 개념을 만드는 것이다.

밤비와 살면서 나는 밤비의 아빠-나-에 대한 집착을 엘렉트라 신화와 연결하여 아내에게 말하곤 했다. 나의 극화에서 아내는 밤비의 계모다. 이 계모는 초롬(첫째 딸)을 위해 밤비(둘째 딸)를 내치는 것으로 각색되며, 밤비와 아내는 서로 나를 두고 경쟁하는 것으로 그려진다. 물론 농담이지만 한 가지 사실만은 분명했다. 밤비의 많은 관심사

중에는 아빠가 중요한 대상으로 포함된다는 사실 말이다. 여덟 마리의 고양이와 함께 살았지만 그들의 관심 리스트에 아빠가 포함되는가를 생각해보면 아마도 밤비의 경우가 유일할 것이다. 밤비는 나를 자신의 얘기를 들어줄 중요한 청중으로 선택했다. 그리고 나는 인상적인 몇 개의 장면을 기억하고 있다. 샤워 후 벌거벗은 채 침대에 누워있던 어느 날, 나의 맨몸 위에 올라와 두 젖꼭지와 생식기에 호기심을 보이며 그 냄새를 맡고 도망가듯 줄행랑을 치던 밤비. 외박을 하고 들어온 날이면 성 호르몬을 분비하는 내 몸의 구석을 꼼꼼하게 냄새 맡으며 체크하던 밤비.

나에겐 이런 모든 것이 위안거리가 되지만, 나의 밤비의 엘렉트라화 혹은 아빠를 사랑한다는 이 극화화는 지극히 오이디푸스적이었던 점을 부인하긴 어렵다. 〈안티 엘렉트라〉적 측면에서 보자면, 밤비의 관심사로써 나는 이질성과의 관계 생성에 대한 욕망이었을 것이라 추측해볼 수 있다. 혹은 나를 자신의 인간-토템으로 여겼을 수도 있다. 밤비의 관점에서 나는 하나의 토템, 살아있는 '기구'다.

나는 동물이 절대로 스스로 오이디푸스화될 일은 없다고 보진 않는다. 동물도 특수한 상황 속으로 들어와 인간의 습관을 따라 행동이 고착화되면 오이디푸스화될 수 있다. 그렇지만 모계 사회성을 지녔고, 비혈연적 독신자 사회로 살아가는 고양이가 자기 스스로 오이디푸스화되기는 어렵다고 생각한다. 그런 점에서 고양이는 전-오이디푸스적이다. 밤비는 전-오이디푸스의 엘렉트라처럼 기타와 피아노 같은 악기 소리를 좋아하고, 은박지로 만 작은 공을 가지고 놀며, 이불 위에 자신의 대지를 펼치고 발로 그 대지를 평평하게 다듬고 아빠-엄마의 팔과 다리로 성곽을 짓는다.

나는 또한 밤비가 내가 피우던 던힐 담뱃갑의 은박지를 좋아했던 것을 기억한다. 은박지를 돌돌 말아 공으로 만들어 던져주는 걸 유독 좋아했다. 이상하게도 다른 종류의 담배 은박지는 안 된다. 금박지도 물론 안 된다. 꼭 던힐 담배 은박지여야 했다. 책상에 앉아 나를 보는 밤비의 시선이 부담스러워 은박지를 말아 던지면 밤비는 그 공을 이어받아 발로 드리블하며 집안 곳곳을 돌아다녔다. 나중에는 내가 담뱃갑을 새로 까는 소리를 일부러 크게 내면 밤비는 다른 곳에 있다가도 득달같이 달려오게 되었다. 그러면 나는 은박지로 공을 만들어 또 던져준다. 어떤 때는 내가 공을 던져줄 때까지 밤비가 기대하며 기다리는 바람에 피우지도 않을 담뱃갑을 새로 까기도 했다. 우리는 그 공놀이를 얼마나 많이 했던가.

그러면서도 나는 내가 던져준 그 많은 은박의 공이 어디로 갔는지에 대해 별로 궁금해하지 않았다. 어느 날 이사를 하려고 짐 정리를 하며 바닥에 놓인 침대 매트를 들어올렸을 때 평소 눈에 보이지 않던 곳에서 무수히 많은 은박의 공을 발견할 수 있었다. 밤비가 그 공들을 자기만의 비밀 장소에 고이 모아 놓고 있었던 것이다. 밤비에게 그 공은 무엇이었을까?

태양

세 번째로 들어온 고양이는 태양이었다. 태양은 밤비와 비슷한 나이대로, 태양이 밤비보다 1개월 정도 앞선다. 태양은 호랑이를 닮은 태비 무늬의 늠름하고 잘생긴 수컷이다. 녀석에게 내가 붙여준 표어는 "마이 썬, 마이 프라이드"였다. 그래서 이름이 '태양'이 되었다. 밤비와 마찬가지로 인터넷에서 분양 공고를 보고 데려오게 되었다. 비슷한 나이대의 어린 고양이라 밤비와 태양은 서로 레슬링을 하고 우다다를 하고 함께 밥을 먹고 둘이 꼭 붙어서 잠을 잤다. 녀석은 무럭무럭 잘도 자랐다. 한동안 그렇게 잘 지내던 둘의 관계는 밤비에게 발정기가 찾아오면서 변화가 생기기 시작했다.

둘은 고양이들이 어떻게 발정하고 어떻게 교미하는지 지켜본 적도, 배운 적도 없기에 어쩔 줄 몰라 했다. 어쩔 줄 모르기는 나와 아내도 마찬가지였다. 그때까지 고양이의 발정기와 교미를 지켜본 적이 없었다. 그래서 열병이 나도록 울면서 돌아다니는 밤비와 피하는 것도 아니고 덤비는 것도 아닌 어정쩡한 태도에 머무르는 태양에게 대체 어떻게 도움을 줘야 할지 알 수가 없었다. 물론 가장 간단한 해결책은 두 고양이 모두에게 중성화 수술이라 알려진 불임 수술을 시행하는 것이었지만 우리 부부는 어린 고양이들의 건강에 그 수술이 어떤 영향을 미칠지 몰라 우선은 지켜보기로 했다. 태양은 밤비의 등 뒤로 올라타긴 했지만 관계에 계속 실패했다. 결국 짜증이 난 밤비가 몸을 빼고 태양의 뺨을 때리는 지경에 이르게 되었다. 어찌어찌 태양이가 관계에 성공한 듯 보이는 때도 있었지만 밤비는 결국 임신하지 못했다. 그렇게 한 번 발정기를 넘긴 우리는 둘 모두 병원에 데려가 중성화 수술을 진행했다.

섹스 경험이 있는 고양이 한 쌍이 모두 중성화 수술을 받은 후 둘 사이는 어떻게 될까? 이것은 흥미로운 주제임에는 틀림없다. 태양은 밤비에게 발정기가 온 후부터 약간의 혼란을 겪은 것처럼 보였다. 밤비가 자기와 레슬링을 하거나 우다다를 하며 놀기보다 다른 무엇을 '요구'하고 있으며, 그 요구와 기대에 자신이 부응하지 못하고 있다는 자각을 갖게 된 것 같았다. 그리고 그 자각과 더불어 본능적으로 보이는 밤비의 이중적 태도에 혼란을 느낀 것처럼 보였다. 밤비는 발정을 했으므로 수컷의 성기를 받아들여야 했음에도 몸의 일부는 그것을 침입으로 여겨 대항 반응 혹은 거부 반응을 보였다. 둘의 섹스가 성공적이었건 실패했건 섹스는 대체로 밤비가 태양의 뺨을 때리는 것으로 끝났다. 뺨을 맞아도 태양은 그저 어리둥절한 태도로 일관했다. 그 태도는 마치 자신도 이해하지 못한 것을 이해한 척하며 인내하는 것처럼 보였다. 이런 태양의 태도는 중성화 수술 이후에도 변함없이 지속되는 태도가 되었다. 무언가 요구를 받고 있음에도 그 요구를 이해하지 못하고 기대에 부응하지 못하므로 가만히 있기. 전반적으로 태양은 밤비의 태도에 혼란스러워했다.

중성화 수술 이후 태양의 행동은 인터넷에 널리 퍼져 있는 의학적 정보와는 상당한 거리가 있었다. 정보에 따르면 수술 이후에는 성적 행동을 거의 하지 않는 것으로 나와 있었다. 그러나 태양은 지속적으로 성적 행동을 했다. 다른 고양이 등 위로 올라가 마운팅을 하거나 목덜미를 깨물었고 줄기차게 그런 행위를 시도했다. 처음에는 밤비를 대상으로 했으나 나중에는 수컷이나 암컷이나 그 대상을 가리지 않게 되었다. 그러나 다른 고양이가 모두 피하게 되자 결국 태양은 자기보다 세 살 어린 수컷 고양이인 초달에게 주기적으로 마운팅을 하는 것으로 그 행동이 고착화되었다.

또한 중성화 수술을 한 고양이는 마킹 혹은 스프레이 행위를 하지 않는다는 속설과 달리 태양의 경우 오히려 정반대로 급격히 늘었다. 물론 이것은 태양 자신의 힘과 지배력을 과시하는 행동이지만 행위의 본류에는 성적 동기와 성적 본능에서 비롯된 행동이라는 것이 분명해 보였다. 우리 부부는 태양이 자신의 오줌으로 침대를 온통 적셔 놓았을 때 중성화 수술 시기를 놓친 것에 대해 후회했다. 그러나 냉정히 생각해보면 보다 빨리 중성화 수술을 했다고 해서 오줌을 여기저기 싸지 않으리라는 보장은 없는 것 같다. 이후 태양은 집안 곳곳 푹신한 곳이면 아무데나 오줌을 싸기 시작했고, 그렇게 아무렇게 방뇨하지 않으면 오히려 태양의 건강에 이상이 생긴 게 아닌가 염려하게 되었다. 여기서 내가 깨달은 것은 성 기관을 제거해도 성 욕망이 사라지진 않는다는 것이었다.

중성화 수술을 해도 성적 욕망은 사라지지 않으며, 꼭 중성화되는 것도 아니다. 중성화라는 말은 마치 성을 분화 이전의 상태로 되돌리는 것처럼, 혹은 성의 중립지대가 있어서 성의 분화가 무화될 수 있는 것처럼 오해를 불러일으키기 쉬운 개념이다. 중성화 수술은 성적 욕망을 제거하는 것이 아니라 단지 생식을 중지시키는 것으로써 이때 성적 욕망은 다른 행위 속으로 이동되어 창조적으로 변이(똥과 오줌=생산력)되거나 성적 변양체 혹은 다양태(동성애적이거나 양성애적)를 생산하는 것으로 바뀐다. 중성화 수술 이후 고양이가 순화되어 인간과 더 친화적으로 된다는 속설도 사실은 고양이가 생식에 대한 관심에서 벗어나 인간과의 관계성과 친밀성에 더 관심을 갖게 되는 것을 일컫는 말일 수 있다.

대지에의 욕망

태양의 분뇨 활동에 대해 더 이야기해보고 싶다. 중성화 수술을 하고나서 갑자기 왕성해진 마킹은 나와 아내의 가장 큰 골칫거리 중 하나였기 때문에 우리는 그 이유에 대한 많은 가설을 세웠었고 또 많은 대책을 실행해봤기 때문에 이에 대해 할 말이 많다. 수컷이 수술을 받게 되면 마킹을 하지 않는다고 알고 있었지만 태양은 반대로 더 왕성해졌다. 장소를 가리지 않고 집안의 모든 곳에 오줌을 쌌고, 심지어 똥도 쌌다. 우리집의 고양이들 중 화장실이 아닌 곳에서 똥과 오줌을 싸는 경우는 없었다. 오직 태양이만 그렇게 행동했다. 그리고 자기 행동에 대해 잘못된 것이라는 자각조차 가지지 않았다. 매우 즐겁게, 의식적으로, 여봐란 듯이, 예식을 치르듯 똥과 오줌을 쌌다.

우리 부부 사이에서도, 고양이들 사이에서도 태양의 분뇨 활동은 테러였다. 고양이들이 좋아하는 침대 위는 태양이의 주요한 테러 무대였기 때문에 다른 고양이들이 침대를 떠나는 불편을 겪어야 했다. 이에 가장 큰 피해자였던 밤비의 경우, 태양이가 오줌 싼 곳을 우리에게 일러바치기까지 했다. 처음에는 부드럽고 폭신한 천으로 된 물건들(옷, 이불, 가방, 침대, 방석, 카펫 등)만이 테러의 대상이라고 생각했지만 딱히 그런 것도 아니었다. 한마디로 태양의 오줌 테러는 전방위적이었다.

심지어 내 얼굴에다가도 시원하게 분뇨 활동을 했다. 사실 나와 태양은 서로의 얼굴에 오줌을 갈긴 사이다. 어느 날 변기에 대고 서서 오줌을 누고 있는데 다리 사이로 태양이가 머리를 쑥 들이밀었다. 태양의 머리 위로 따뜻한 오줌이 여름 소나기처럼 쏟아졌고, 나는 오줌을 끊을 수 없어서 결국 그대로 계속 쌌다. 태양은 흠뻑 젖은 채 김이 모락모락 나는 머리를 하고 선 펄쩍펄쩍 신나게 집안을 뛰어다녔다. 그리고 또 한 번은 소파에서 낮잠을 자고 있다가 머리에 뭔가 뜨뜻한 것이 느껴져 잠이 깼는데 태양이가 내 머리에다 오줌을 싸고 있던 적도 있다.

이런 질문을 해볼 수 있다. 태양의 마킹 행위는 거세(중성화 수술)와 결여를 은폐하고 부인하는 성 도착, 즉 페티시즘이 아닐까? 옷, 이불, 가방, 침대, 방석, 카펫에 마킹을 하는 태양의 행위만 보면 푹신푹신하고 부드러운 대상(여성 성기를 상기시키는)에 집착하는 페티시즘이라는 생각이 들지 모른다. 그러나 태양의 마킹 행위는 부드러운 대상에 국한되지 않는다. 태양의 행위는 거리의 낙서 행위, 태그(Tag), 그래피티(Graffiti)에 가깝다. 오줌에 의한 마킹은 냄새로 자신의 영역을 표시하는 동물들의 기본적 활동이다. 표시된 영역은 표시하는 주체의 활동 무대를 암시하고, 표시는 일종의 인식표로써 성적 정보를 전달한다. 뿐만 아니라 마킹은 그 영역에서의 주체의 점유권과 지배권을 표시하는 것이기도 하다.

나는 태양의 분뇨 활동에 대해 처음에는 프로이트의 유명한 항문적 쾌락에 집착하는 시기에 대한 항문기 이론을 적용해볼 수 있겠다는 생각을 했다. 그러나 그것을 곧 그만두었는데, 그 이유는 프로이트의 항문기 이론은 특히 똥을 특권화하기 때문이었다. 똥을 특권화함으로써 프로이트는 항문이라는 기관을 또한 성 욕망의 일시적이고 미성숙한 외설의 고착 기관으로 특권화할 수 있었다. 항문기를 이렇게 특권화한 이유는 물론 그 다음의 성숙단계로 이어지는 것으로써의 남근기와 남근이라는 성 기관을 특권화하기 위해서다. 최종적으로 성 욕망의 성숙은 남근기에 도달하는 것으로 간주된다.

하지만 항문기라 일컬어지는 그 시기에 몸에서 배출되는 것은 똥만이 아니다. 오줌이야말로 주요하게 몸에서 무엇인가 빠져나가는, 결정화된 신체의 유류(流游)화, 액체화의 쾌감이라 할 수 있다. 그럼에도 불구하고 프로이트는 남근적 성 욕망과 남근이라는 성 기관을 성 성숙으로 특권화하기 위해 배출의 쾌락에서 오줌을 의도적으로 삭제한 채 똥의 존재를 부각시켰다. 마치 성 성숙이 항문이라는 기관에서 남근이라는 기관으로 옮겨가는 것인 양 분석한 것이다.

만약 우리가 똥과 오줌을 쾌락가치적 측면에서 동등하게 평가할 수 있는 것으로, 그리고 똥과 오줌을 성 욕망의 동등한 생산물로 볼 수 있다고 한다면 항문과 남근, 그리고 질은 동등한 성 기관이다. 성 욕망은 기관의 성숙과 성차의 발달 단계 이후에나 나타나는 것이 아니며, 더구나 성 욕망에 있어 남성적 기관이 특권화될 자연사적 필연성은 존재하지 않는다. 실제로 태양은 오줌에 의한 마킹에 더해 똥을 집안의 거실 한가운데나 침대 한가운데에 싸 놓기도 했다. 태양은 그 똥들을 우리 앞에 보란 듯이 전시하곤 했는데 그 똥이 자신의 생산물이었기에 그토록 당당했던 것이다.

태양에게 있어서 똥과 오줌은 생식 섹스의 생산물인 아이나 새끼와 같은 지위, 엄연히 '대지' 위에 등기되고 등록되는 생산물의 지위를 지닌다. 그러므로 태양의 마킹은 성 욕망의 항문기가 아니라 대지에 자신의 생산을 등록시키려는 대지에 대한 욕망이다. 인간만이 대지에 대한 욕망을 갖는 것이 아니다. 고양이인 태양에게도 분명 "대지는 생산의 준원인이자 욕망의 대상"(들뢰즈와 가타리)으로 나타나는 것이다. 그리고 태양에게 그 대지는 바로 자신의 근경에 있는 '집'이다.

고양이에게서도, 그리고 물론 다른 동물에게서도, 인간에게서도 발견되는 대지에의 욕망, 자신을 대지에 등록하려는 강한 욕망과 마킹, 낙서, 태그, 그래피티, 표시, 서명의 쾌락에 어떤 이름을 붙여주어야 할까? 거세나 남근 결여의 은폐와 관련된 물신숭배나 페티시즘과는 무관한 이 욕망의 이름은 무엇일까?

프로이트가 유아의 똥에 대한 집착을 관찰하고 똥의 황금빛 색깔에서 얻은 연상 이미지를 활용해 상상적 단계에서의 무의식의 가치 체계를 '똥=화폐' 등식으로 정식화했을 때 그는 진정한 항문 페티시즘을 갖고 있었다고 해야 할 것이다. 똥에 대한 부모의 반응을 통해 유아는 자기의 쾌락을 조절할 수 있게 되고 나아가 그런 항문 조절 능력을 통해 돈과 재산에 대한 자아의 태도와 습관을 형성하게 된다고 프로이트가 생각했을 때 그는 진정한 항문 숭배자, 항문성애자였다.

그가 항문을 특권화했기 때문에 몰랐던 것은 똥과 달리 황금빛도 아니고, 구체적인 형태도 갖지 않는 유동성의 생산물이었다. 똥이 화폐와 상상 교환될 수 있었던 생산물인 것에 반해 오줌은 사물에 서명을 남기는 행위다. 흔적 남기기, 표식 행위, 대상에 자신을 등록하는 행위. 이는 자기 표현의 생산이며, 세계-의미의 생산이다. 우리는 이것을 기호화 행위라 부른다. 기호화 행위는 대지 위에 점을 표시하고, 그 점을 연결하는 추상선을 그린다. 그 추상선으로 뒤덮인 것이 바로 행위자가 기거하는 대지이다.

오이디푸스적 똥은 남근 거세나 결여와 연관된다. 항문은 오이디푸스적 구조에서 매우 특수한 위상을 갖고 있다. 늘 어긋남의 상태에 있는 오이디푸스적 욕망의 주체와 욕망의 대상이 실질적으로 은폐하고 억압하고 있는 것은 거세가 아니다. 거세된 여성 주체, 거세 불안을 느끼는 남성 주체……. 이런 식의 해석은 모두 남근을 결핍의 중심에 놓는다. 그러나 여성 주체와 남성 주체 모두에게서 결핍된 것은 항문의 사용이다. 항문화되는 것에 대한 불안, 이성애 가족을 재생산할 수 없는 불임과 불모의 지대로 하강하는 것에 대한 불안.

상징계에서 항문 사용은 금지되어 있지만 그것을 위반하려는 항문 충동은 성 욕망에 내재한다. 항문 충동은 오이디푸스에게 있어 위협적이다. 그래서 오이디푸스의 진짜 불안은 항문 불안이다. 오이디푸스는 욕망을 가족과 재생산의 주위에 붙들어 두기 위해 남근에 스포트라이트를 비춘다. 항문은 오이디푸스에 의해 식민화된 기관이지만, 욕망하는 주체와 욕망되는 대상의 위치를 바꾸고, 성을 트랜스화하며, 오이디푸스를 배반하는 기관이다. 식민화된 신체가 제국의 신체에 대한 '흉내 내기'를 통해 반제국주의적으로 될 수 있는 것처럼, 항문은 안티 오이디푸스적 페티시즘의 중핵이 된다.

그러나 오줌은 다르다. 오줌은 우리의 성 기관이 아직 오이디푸스적 성 기관이 되기 전에 나온다. 신체는 오줌을 싸는 기관, 사정, 사출, 분출하는 기관이다. 오줌은 대지 위의 표시다. 그래서 오줌과 그 기관이 결여하고 있는 것으로 지목될 수 있는 것은 오직 단 하나, 대지 그 자체다. 살 수 있고, 살아갈 수 있는 대지의 결여. 곧 삶의 결핍. 인간이라는 단어는 땅이나 흙을 의미하는 라틴어 'Humus'에서 유래했다. 그러나 땅을 필요로 하는 것은 인간만이 아니다. 태양은 집안 곳곳에 자신의 표식을 남기고 자신을 등록함으로써 잭슨 폴록처럼 집을 자신의 추상선으로 뒤덮었다. 동물이라고 해서 예외가 아니며, 그런 면에서 동물도 'Human'이다. 인간에게나 동물에게는 모두 이 대지가 결핍되어 있다. 우리는 우리 자신을 등록할 수 있는 대지가 필요하다.

마킹은 대지의 결핍에 대한 신체적, 신경학적, 정신적, 정동적 대응이다. 대지는 곧 기호의 대지이며 우리가 가지는 세계-의미화를 뜻한다. 섹스와 성 욕망이 이렇게 기호화 욕망으로 전환되는 과정이 없다면 사회 건설과 풍요, 문화나 예술도 없었을 것이다. 아니, 어떤 삶도 있을 수 없을 것이다. 우리 인간은 생존과 생존 활동에 대해 말할 때 그것을 인간 활동의 저차원적 단계로 인식하는 경우가 있다. 그러나 생존은 대지에 등록되는 것이며 생존 활동은 대지에 등록되려는, 등록할 수 있는 대지를 확장하려는 욕망이다. 그런 의미에서 태양의 마킹은 출산과 양육만큼이나 성적 활동이면서 생존 욕망의 표현이다. 인간의 예술이나 문학, 철학이라고 해서 고양이의 분뇨 활동과 본원적으로 다르지 않다. 마킹은 예술이며 문학이며 철학이고, 그것은 생존에 필수적으로 수반되는 것으로써 생리적인 것에 속한다. 섹스와 마찬가지로 예술은 생리적인 것이다.

지도 제작

> 나는 "사랑해"라고 말하는 게이가 아니야.
> "좆까"라고 하는 퀴어지.[16)]
>
> \- 데이비드 워나로위츠(1954-1992)

---

16) 'Wojnarowicz'(2020), Directed by Chris McKim. With Alan Barrows, Barry Blinderman, Bono, William Dannemeyer. 데이비드 워나로위츠의 삶과 예술, 행동주의를 회고하는 다큐멘터리. I'm not gay as in "I love you." I'm queer as in "fuck off." 이것은 다큐멘터리에 나온 워나로위츠의 대사다.

데이비드 워나로위츠는 길고양이와 가장 비슷한 예술가다. 사실 모든 예술가는 길고양이와 비슷하다. 내게는 그렇게 느껴진다. 고양이와 예술가는 (그들이 실제로 결혼계약을 했건 하지 않았건 간에) 본능적으로 독신자들이며, 길 위에서(보다 엄밀히 말하면 선 위에서) 살아가기 때문이다.

삶은 예술일 수 있을까? 작품이라는 베일에 가려진 작가의 본 모습에 대해 말하고 있는 게 아니다. 예술 작품 뒤에 숨어서 자위 행위를 하는 예술가의 모습을 들춰내 보자는 것이 아니라 자신의 삶을 예술화하는 것을 말하는 것이다. 그러므로 삶은 예술일 수 있는가, 라는 내 물음은 잘못되었다. 예술가는 예술을 하는 사람을 지칭하는 것이지 삶을 예술로 만들어 버리는 사람을 지칭하는 게 아니다. 그러므로 우리는 자신의 삶을 예술로 만들어 버리는 사람에 대해 아마도 예술가가 아닌 다른 이름을 붙여야 할지도 모르겠다.

데이비드 워나로위츠가 바로 그렇다. 회화, 설치미술, 그래피티, 펑크 밴드(3 Teens Kill 4) 공연, 영화와 오디오테이프 저널과 글쓰기 작업(그리고 심지어 섹스까지) 등, 에이즈로 세상에서 사라질 때까지 워나로위츠는 자기 삶의 발자국 하나하나를 모두 예술화했고, 그 예술 행위

전부를 동성애자이자 아웃사이더로서 이 세상을 살아가는 것이 어떤 느낌과 기분인지에 대한 증언으로 만들었다.

1954 년 미국 뉴저지주 레드 뱅크에서 태어난 워나로위츠는 가정 학대와 동성애 성향으로 힘든 어린 시절을 보낸 것으로 알려져 있다. 리처드 컨이 감독한 한 단편 영화에서 워나로위츠는 아버지가 아이들의 애완용 토끼를 저녁 식사로 아이들에게 먹이는 장면을 묘사하고 있다.[17)]

워나로위츠는 이것이 어린 시절 폭력적인 아버지 밑에서 자란 경험을 반영한 것이라 설명했다. 부모의 이혼 후 어머니와 함께 헬스키친에 있는 아파트에 살게 되었을 때 그의 나이는 열한 살이었고, 이때부터 노숙 생활을 하기 시작했다. 당시에 그는 종종 십대 거리 매춘부(Street Hustler)로 살았다고 고백한다. 그러나 노숙 생활은 그가 노숙을 그만둔 이후에도 반복적으로 회귀하게 만드는 고향 같은 곳이었다. 검은 입과 낯선 사람들의 속삭임, 밤이면 몰려드는 선착장의 부산한 움직임, 널빤지 사이로 들려오는 신음, 저 멀리 비스듬히 기울어지는 자동차의 불빛, 부

17) 'You Killed Me First'(1985), Directed by Richard Kern. With Lung Leg, David Wojnarowicz, Karen Finley, Jessica Craig-Martin. 한 젊은 여성이 그녀 가족의 소시민적 관습, 보수주의, 종교적 신념에 반항하는 내용을 그리고 있다. 이 영화에서 워나로위츠는 알코올 중독자 아버지를 연기한다.

듯가 폐가의 방, 미로와 같은 복도, 해안선을 따라 부는 밤바람, 멀어지는 비행기 엔진 소리, 사드의 〈소돔 120일〉을 영화로 찍은 이탈리아 영화감독 피에르 파올로 파졸리니(Pier Paolo Pasolini)의 이름에서 따온 '파졸리니 시트'라 이름 붙여진 버려진 침대, 사생아이자 절도범이자 부랑자였던 프랑스 시인 장 주네(Jean Genet)의 사진이 벽에 붙어있는, 자유와 야생의 열기 그리고 이국적인 한여름 밤의 꿈 같은 이미지들로 가득한, 낯선 사람들에게서 섹스를 찾는 외로운 사람들의 커뮤니티[18]……. 그것이 그에겐 고향이었다.

워나로위츠가 그리 길지 않았던 파리 생활을 청산하고 "뉴욕의 아르튀르 랭보(Arthur Rimbaud in New York)"(1978-80) 시리즈로 예술계에 등장한 것은 이스트 빌리지가 반문화적 예술의 열기에 휩싸이기 직전이었다. 그는 "나는 타자다"라고 선언한 이 프랑스 시인에게 깊은 동일시를 느낀 듯하다(둘의 출생연도는 100년 차가 나며 공교롭게도 둘 다 37세에 생을 마감했다). 이 시리즈는 랭보 얼굴이 프린트된 가면을 쓴 사람들이 뉴욕의 이곳저

18) David Wojnarowicz, <Close to the Knives: A Memoir of Disintegration>(Vintage, 1991). 2장 'Losing The Form In Darkness'는 노숙 생활에 대한 경험을 회상하고 있다.

곳에 출현하는 설정으로 촬영된 사진들이다. 이 가면을 쓴 사람들은 허드슨강의 크루징(Cruising: 은밀하게 공유된 공공장소에서 섹스 파트너를 찾는 행위를 일컫는 속어) 장소에서 만났던 지인들을 포함하고 있었다. 이 이미지들은 대공황 시기 정규 고용 상태에서 벗어난 실직 노동자와 부랑 노동자들을 이르는 호보(Hobo)와 겹치는 것이었다. 이것은 명백히 아웃사이더, 소외된 존재의 '여기 있음'의 표현이었다. 그는 사회의 아웃사이더가 발언하게 해야 한다는, 예술 활동에 분명한 목표 의식을 갖고 있었다.

랭보 시리즈 이후 워나로위츠의 작업은 고립되고 소외된 개인을 넘어 집단성을 향하게 된다. 그는 버려진 부두의 게이 크루징 놀이터를 게릴라 공동 예술 공간으로 만들기 시작한다. 이 예술은 그 자리에서 섹스를 하던 크루징 예술가들이 그린 벽화, 설치 미술과 같은 것이 대다수인데, 대부분 즉석에서 주변의 쓰레기를 재료로 활용해 제작한 것이었다. 외로움과 생리적 욕구 문제를 해결하기 위한 장소가 자연스레 예술의 장소가 된다는 것은 근사한 느낌을 준다.

일상의 소외를 극복하려는, 섹슈얼하면서도 동시에 예술적, 정치적 친교의 커뮤니티. 주변 환경을 이용하고, 환경의 창조적 생성에 참여하는 일상적 유토피아 감성의 이 커뮤니티는 너무 유명해져서 위험과 노후화를 이유로 창고 건물이 철거되기 전까지 반문화 예술의 중심이 된다. 이 경험을 통해 워나로위츠는 소외된 개인을 넘어선 소수 부족을 발견한다.

우리는 좀비 부족 국가 내에서 선(先)발명된 존재로 태어나고 단일 부족 국가라는 환상 속에서 살아간다. 일부 부족은 정부의 일상 업무를 유지하는 형태로 사람들의 정신을 망치는 사업을 하고 있다. 그들은 대중에게 녹색으로 오염된 고기 더미를 판매한다. 부패하고 거짓된 역사뿐만 아니라 부패하고 거짓된 미래, 그리고 그 고기는 썩고 고름과 피 냄새가 나지만 이 특정 부족은 이러한 더러운 배출물이 마치 영광스러운 감수성으로 만들어진 미덕인 것처럼 격찬한다.

그리고 정부와 손을 잡고 일을 하는 다른 부족들, 또는 희망-순종의 사슬로서의 희망도 있다. 매일 저녁 퇴근 후 통신의 가슴을 빨고 치명적으로 사회의 깊은 잠에 빠지는 부족이 있다. 날마다 그들은 깨어 있는 악몽을 경험하지만 희망을 제공하는 부족으로부터 언어의 사기를 산다. 환상을 깨고 세계의 구조를 조사하러 나서기에 너무 지쳤거나 두려워한다.

집을 나설 때마다, TV나 라디오를 켤 때마다, 신문을 집어들 때마다, 신호등이 바뀌기 전에 다리가 자동으로 멈춘다는 것을 갑자기 깨달을 때마다 문명의 X선을 경험하는 다른 부족들도 있다. 이 나라의 "지도자"와 조직화된 종교가 개인에 대해 벌이는 내전과 국가적 재판은 이 부족의 머리에서 재생되는 사운드트랙이다. 이 부족의 일부 구성원은 언어의 의미를 이해한다. 다른 부족들이 그들에게 가죽끈의 형태로, 언어의 형태로 희망의 환영을 건네고 싶다면, 그들은 경험에서 얻은 지능을 가진 모든 떠돌이 개처럼 진정한 자유가 무엇인지 이해하고 있으며, 가죽끈을 감옥 창문을 빠져나가기 위한 밧줄이나 간수를 매달기 위한 올가미로 바꾸는 방법을 알고 있다. 그러나 전쟁의 규모가 서사시 수준에 이르고 그 소리[사운드트랙]를 듣는 사람이 그 소리를 인식할 수 있을 것 같은 부족의 다른 구성원과 연결되지 않을 때, 그 사람은 언젠가 교외의 급수탑 꼭대기에서 무장한 자신을 발견하게 될 것이다. 아래를 기어다니는 개미들에게 고성능 라이플을 무차별적으로 발사할 것이다. 그 사람은 언젠가 권총을 들고 거리에서 날뛰는 자신을 발견할 수 있을 것이다. 그 사람은 언젠가 대통령의 차량 40대에 수류탄을 던지는 자신을 발견할 수 있을 것이다. 또는 길모퉁이에서 굶주린 노숙자를 향해 사나운 눈으로

얼굴을 때리거나 팔이나 가슴의 살을 통해 전선을 꽂을 수 있을 것이다.[19]

매우 문학적이고 투시(透視)주의적인 이 글에서 워나로위츠는 이 세상에는 다양하고 이질적인 부족들이 살고 있음에도 불구하고 사람들은 마치 한 개의 단일 부족(백인의, 중산층의, 남성의) 국가에서 태어난 것처럼 살아가고 있다는 점을 폭로한다. 그의 관점에서 그가 사는 세계는 무수하게 다양한 이질적인 존재들과 그 부족들의 번식으로 인해 세계가 다차원, 다면체, 다중체로 발명되고 번성하는 것이 아니라 단일 부족 국가 안의 존재라는, 미리 주어진 세계에서 주어진 삶을 사는 존재라고 체계적으로 믿게 만드는 그런 세계다. 그러므로 그에게 있어 삶은 증오, 잔인함, 적대감, 편협함, 이런 것들 속에서 살아남기 위한 소외된 인구, 소수 부족의 투쟁으로 정의된다. 그리고 이 투쟁은 일차적으로 대지에서 쫓겨나고, 대지를 잃은 사람들이 공공 생활에서 자신을 위한 장소를 찾는 것에서 시작될 것이다.

이는 국제 상황주의 운동이 하고자 했던 것, 스펙터클의 사회에서 도시 유토피아주의의 지도를 그리려 했던

19) 데이비드 워나로위츠, 위의 책, p.30-31

것과 일치한다. 그 지도는 소수 부족의 생존 욕구와 생리적인 것의 해결을 위한 섹스 지도이자 아웃사이더가 살기 위해 자신의 대지를 갖고 그 대지를 표시하려는 마킹이며, 살과 피부를 갖는 커뮤니티의 연대기다. 지도 제작이란 것은 그래피티와 모든 예술적 기호로 연결된 맵이자 자기 부족의 정보와 증언을 담고 있는 소외된 인구들의 가상적이고 대항적인 도시 계획이다. 보들레르, 랭보, 초현실주의자들, 미국의 비트세대 작가들, 국제 상황주의자들, 워나로위츠 등등 모든 소수 부족의 작가들은 저마다의 지도를 갖고 있었다. 궁극적으로 지도 제작은 아웃사이더의 연결을 만들고 세상을 향해 열려 있으려는 실천이다.

1980년대 중반 이후 워나로위츠는 에이즈 환자들에 대한 사회적 편견과 탄압이 거세어질 때 이들의 증언을 대변하는 예술 행동주의자로서의 활동에 치중하기 시작했다. 그는 유색인종에 대한 경찰의 폭력과 여성들의 낙태권 침해에 맞서기도 했다. 워나로위츠 그 자신도 1989년 HIV 감염 진단을 받았다. 그는 게이들이 생존을 위해 단 한 푼도 벌기 어려운 상황이라는 점과 감염자들에게 건강보험이 없다는 사실에 분노했다. 사회적 자원은 쾌락에 반하는 건전하고 안전한 섹스를 표방하는 정치 캠페인과 동성애를 비난하는 종교단체로 흘러 들어가고 있었고, 정작 감염자들은 무관심 속에 방치되어 있었다. 쾌락의 동결, 반쾌락주의의 물결과 함께 동성애자와 감염자에 대한 증오의 거센 파도가 사회를 덮쳤다. 이 상황에서 워나로위츠는 회개하지 않는 쾌락주의자로 행동했다. 그는 노골적으로 성적인 예술 작업들을 지속하는 한편 미국 국립예술기금위원회가 자신의 전시에 대한 보조금 지급을 거부한 것을 두고 이를 법정으로 끌고 가 동성애자들을 소외시키고 죽음으로 내모는 것을 폭로하는 사회적 사건과 투쟁으로 만들었다.

나는 이제부터 워나로위츠에 관한, 그의 작품에 관한 일반적이고 연대기적인 소개를 멈춘다. 나의 관심은 아웃사이더, 소수 부족들의 지도 제작에 관한 것이다. 워나로위츠를 통해 그 제작의 비밀을 캐내는 것이다. 앞서 나는 워나로위츠의 지도 제작에 대해 언급했었다. 그 지도 제작은 지도에 관한 사람들의 일반적인 생각과 다른 것이다. 아웃사이더와 그들이 속해 있는 소수 부족이라는, 그 소수 부족에 적당한 이름이 붙기까지는 아직은 가상의 부족에 불과한, 이 가상의 커뮤니티에 대한 정보와 증언이 기록되는 이 지도는 내게 해적의 보물섬 지도와 비슷한 느낌을 준다. 그것은 과학적인 측정 기구를 동원해 제작된 객관적인 거리와 면적, 층과 깊이가 표시된 그림이 아니다. 가령, 1929년 6월에 벨기에 저널 〈변종들(Variétés)〉에 게재

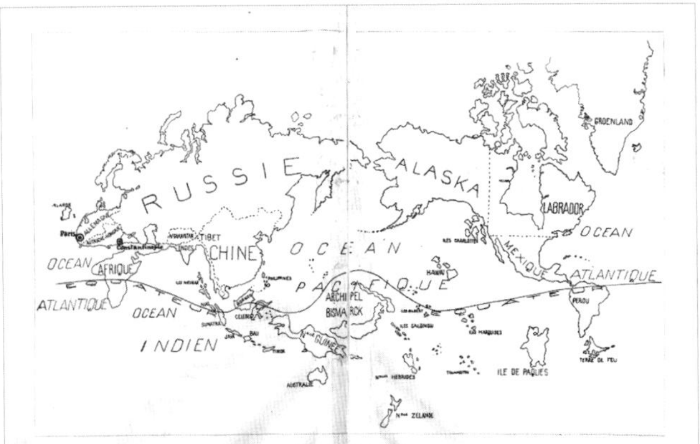

LE MONDE AU TEMPS DES SURREALISTES

초현실주의자들이 제작한 지도

된 초현실주의자들이 제작한 지도[20]는 우리가 알고 있는 세계의 윤곽이나 대륙의 크기들과 다르다. 초현실주의자들의 지도가 정확히 무엇을 뜻하는지는 알 수 없다. 그것은 해적들의 보물섬 지도처럼 실재의 반영이 아닌 지도, 암호와 수수께끼가 둘러싸고 있는 정신적이고 심리학적이며 경험적인 지도다. 국제 상황주의 운동은 이것을 정신지리학(Psychogeography)이라 불렀으며, 펠릭스 가타리는 분열증적 지도학(Schizocatography)이라 불렀다.

20) Le monde au temps des Surrealistes(The World at the Time of the Surrealists), image from p.26-27 in special issue "Le Surrealisme en 1929" of Variétés: Revue mensuelle Illustree de l'espirit contemporain(June 1929)

그러나 워나로위츠의 예를 보면, 그의 지도 제작은 길고양이들의 지도 제작에 더 가깝다. 정신지리학이든 분열증적 지도학이든, 그리고 초현실주의 지도이든 우리는 그 지도들이 신체와 생리적인 것, 섹슈얼한 욕망과 무관한 것처럼 이해한다. 그러나 고양이에게 지도는(당연히 고양이에게도 지도는 실재의 과학적 측정이 반영된 것으로써의 지도와 무관하다) 생리적인 것과 섹슈얼한 것으로써의 마킹, 삶의 영역(대지)을 확보하려는 마킹과 관련된다. 그렇듯이 워나로위츠에게 지도는 일차적으로 도시 외곽에 버려진 부두의 창고와 같은 생리적 욕구를 해결하는 크루징과 관련된다. 고양이의 마킹과 워나로위츠의 그래피티는 방법적으로 소외된 자들의 대지 확보라는 측면에서 동일하게 서로 비교할 수 있다.

그러므로 우리는 소수 부족의 지도 제작에 있어 첫 번째 방법을 이해할 수 있다. 그것은 동물 되기다. 동물들이 하는 바 그대로, 삶을 구성하기 위해서는 먼저 대지를 확보해야 한다. 이 생존의 대지는 생리적인 것이다. 소수 부족의 지도 제작은 섹스와 섹스 생활, 섹스 커뮤니티와 무관하지 않다. 반대로 상당한 긴밀성을 갖는다. 지도 제작은 소수 부족의 암컷을 만날 수 있는 지도, 수컷을 만날 수 있는 보물섬 지도에 더 가깝다.

에이즈에 감염된 워나로위츠가 보건 당국이나 국가 기관과 싸우고 여론과 싸우고 있을 무렵인 1989년 파리에서 펠릭스 가타리는 그의 예술을 전폭적으로 지지하는 글을 뉴욕의 그에게 보낸다.

> "이 화가 겸 작가는 자신의 창작 과정을 삶의 일상적인 공개에 완전히 종속시킨다는 점에서 독특하다. 그리하여 그는 보편주의적 안위에 굴복하는 경향이 너무 많은 우주에서 특이화의 원리를 복권시킨다."21)

가타리는 그 글에서 워나로위츠가 자신만의 독특한 환상을 역사적 틀에 어떻게 연결하고 끼워 넣는지에 대해 그 방법을 간략하게 설명한다. 예컨대 워나로위츠는 오래된 미국의 서부 그림을 보고서 기차에 기호학적 환상을 부여한다. 그리고 서부 여행을 통해 직접 그 환상을 확인한다. 그의 눈에 기차는 인디언의 땅에 백인문화를 들여온 기계이자 백인문화를 확장하는 기계다. 기차는 방해되는 모든 것을 파괴하고 착취하는 증기 기관이자 톱니바퀴다. 이런 방식으로 워나로위츠는 꿈, 이미지, 상징, 글, 광고,

21) David Wojnarowicz, Félix Guattari, <In the Shadow of Forward Motion>(P.P.O.W. Gallery, 1989)

낙서와 같은 것들을 수집하며 그렇게 수집된 요소들을 나열하고 연결하는 기호학적 체인을 만든다. 그래서 가타리는 그가 제작(위조)한 기호학적 체인을 들여다보면 그 체인이 언표적으로(발화할 수 있는 것으로) 재구성이 가능하도록 설계되어 있고, 따라서 분명한 메시지를 담고 있음을 지적한다. 짧은 글이지만 가타리는 워나로위츠의 기호적 지도 제작 방법에 대해 접근할 수 있는 날카로운 통찰력을 보여준다.

워나로위츠의 다른 작품들에서 빈번하게 사용되는 이미지와 상징적 요소의 대부분은 만화나 TV 쇼, 광고 전단지, 신문, 소비용품의 포장지 등 대중문화 이미지 등에서 차용한 것들이다. 그러나 워나로위츠는 이것들을 단지 앤디 워홀 식 페티시즘으로 활용하지 않는다. 그는 수집된 기존의 이미지, 단어와 문구, 상징들을 마치 기호학적 암호를 푸는 방식으로 코드를 벗겨낸다. 이는 원시적 부족사회의 야생인이 토템을 제작하거나 타 부족의 토템을 해독하는 방식과 유사하다. 암호를 푸는 것은 그 상징물에 행해진 주술과 마법을 해제하는 것과 같다.

그렇게 코드를 벗겨내면 반대로 새로운 의미를 거기에 부여하거나 새로운 요소를 합성할 수 있게 된다. 이것이 야생인의 마법이다. 그와 비슷하게 워나로위츠는 기존의 수집된 상징물을 다른 수집된 상징물과 나란히 배치함으로써 그것에 새로운 의미를 부여하고 재코드화한다. 이 재코드화는 일반적인 기호학적 질서나 담론, 그리고 세계를 구성하고 있는 언어적 권력의 맥락 안에 바이러스를 삽입할 가능성을 열어놓는다. 워나로위츠가 제작한 기호적 구성물은 기표와 기의로 구성되지 않았으며, 유전자 정보를 갖는 DNA 사슬처럼 구성된 것이다. 즉, 예술은 기호학적 차원의 퀴어적 섹스와 같게 된다. 이것이 지도 제작의 두 번째 방법이다. 이 섹스에는 생식이 없으나 기존의 세계에 저항할 수 있고 전복할 수 있는 DNA 를 생산하고 퍼뜨린다. 생식 섹스가 아니라 감염 섹스. 모든 주술과 마법의 신비주의는 토템에 깃든, 눈에 보이지 않는 이 바이러스의 힘과 관련된 것이다. 이것이 소수 부족이 갖는 지도 제작의 두 번째 원리다.

샤샤는 우리집에 네 번째로 들어온 암컷 고양이다. 샤샤는 초롬과 함께 캐나다에서 살다가 초롬보다 뒤늦게 합류하게 되었다. 나이는 초롬과 같고, 한때는 초롬과 함께 살았지만 우리집에서는 서열이 네 번째가 된 것이다. 즉, 한참 어린 밤비와 태양의 밑으로 들어오게 된 것이다. 샤샤는 인간에 의해 품종 개량된 버만 고양이다. 고양이에 대해 알려주는 많은 가이드북에 따르면, 버만 고양이는 기본적으로 사냥에 능숙하며 투쟁적이지만 일반적인 야생 고양이에 비하면 상당히 인간 친화적인 것으로 알려져 있다. 그리고 그것은 사실이었다. 내가 느낀 것은 샤샤의 행동이 깔끔하게 코딩된 문법을 따르는 것처럼 어딘가 몹시 기계적인 측면이 있다는 것이었다. A라는 질문이 주어지면 그에 대응하는 B라는 답을 내놓는 논리적 연산 출력처럼 샤샤의 반응은 예측이 수월했다.

그래서 인간 친화적이라는 그 종에 대한 설명 전체가 혹시 주변 환경에 대한 반응이 지나치게 인간과 비슷하게 코드화되어 있는 것을 두고 하는 얘기가 아닌 생각이 들 정도였다. 품종 개량이라는 것은 원래 그런 것이다. 인간의 이익과 이해에 따라 좀 더 기르기 쉬운 동물로 유전적 코드를 디자인하는 것이다. 그래서 품종 개량 동물이 수세기에 걸쳐서 진화되어 점점 인간과 비슷하거나 인간 친화적으로 되는 것은 지극히 당연해 보인다.

샤샤는 우리집에 들어와서 처음에는 나와 아내에게 인정 투쟁을 하는 것처럼 보였다. 그 인정 투쟁을 통해서 고양이들 사이에서도 자연스레 서열을 자리매김하려고 했던 것 같다. 그러나 초롬은 샤샤에게 무관심했고, 어린 밤비는 네 번째로 들어온 고양이가 자기 위에 있는 것처럼 구는 것이 못마땅했다. 나는 고양이들 사이의 평화를 위해 일부러 샤샤의 힘 과시를 외면하거나 제어했고, 늘 밤비 편을 들어주었다. 결국 샤샤는 고양이들 사이의 서열을 받아들이게 되었다. 나는 때때로 샤샤가 품종 개량된 종이라는 것을 아쉬워했다. 만약 샤샤가 다른 집으로 입양가게 되었다면 인간 친화적인 그 성격이 빛을 발해 반려인으로부터 몹시 사랑받았을 것이다. 그러나 우리 집에서 샤샤가 가진 DNA 매력은 야생 고양이들의 DNA 매력에 묻혔다.

나는 인간에 의한 동물의 품종 개량이란 것에 반대하거나, 반대할 수 있는 논리를 갖고 있지는 않다. 다만 나는 인간이 그렇게 할 수 있는 것처럼 동물 스스로에 의한 동물의 품종 개량이 있으며, 그들이 충분히 그럴 수 있는 능력도 있다고 생각한다. 그것이 진화다. 고양이를 워나로위츠와 같은 소수 부족의 아티스트나 사회의 아웃사이더로 보는 관점은 고양이를 이해하고 그들과 소통하는 것에 있어 유익하다.

고양이들 또한 삶을 위해 대지가 필요하며, 그 대지를 표시하기 위해 마킹을 한다. 고양이들 또한 인간의 눈에는 보이지 않고, 인간의 측정단위 안에는 포함되지 않는 방식으로 그 자신들의 지리와 지도학을 갖는다. 고양이들 또한 부단히 지도를 제작하며 워나로위츠처럼 기호를 제작한다. 오줌을 뿌리거나 똥을 싸거나 울부짖거나 먹이의 사체를 남겨 놓거나 인간이 제공하는 사료를 남겨 놓거나 공을 모아 놓거나 등에 올라타거나 사냥 놀이를 하거나 물건을 떨어뜨림으로써 그렇게 한다. 고양이는 고양이와 교환할 수 있는 기호, 다른 동물과 교환할 수 있는 기호, 그리고 인간과 교환할 수 있는 기호를 얼마든지 만들어 낼 수 있고, 또 만들어 내고 있다. 그러한 기호 제작을 통해, 그리고 그 기호들을 자신들의 지도에 배치해 삶을 부단히 진화하는 하나의 예술로 만든다.

고양이가 인간과 기호를 교환하는 특별한 방식을 고안하고 그를 통해 인간에게 말을 건네고 인간이 그 말을 듣는다면, 그리고 역으로 인간이 그렇게 한다면 그것은 혁명의 시작이라 할 수 있다. 그리고 고양이는 습득한 그 능력과 정보를 다음 세대에게 전달한다. 이것이 유전적 생식 없는 섹스, 존재의 창발성으로써의 섹스, 그리고 다양태 번창으로써의 섹스, 감염으로써의 섹스다. 아웃사이더는 그런 방식으로 번식하고 진화한다.

고양이 되기
_기호 행동

사냥

바닷가 마을에 살던 어느 해 겨울, 나는 시간에 맞춰 거의 매일 집 근처의 길고양이들에게 정기적으로 먹이를 주고 있었다. 고양이 밥 주기에 좋은 시간이 있다. 찬바람이 불고 인간들이 저녁을 먹기 위해 모두 집안에 들어가느라 길거리 왕래가 드물어지는, 그 짧은 시간이 바로 좋은 시간이다. 퇴근 후 저녁 7시에서 8시 사이 주위가 어두워졌을 때가 피크타임이다. 나는 고양이들을 놓치지 않기 위해 사료가 든 봉투, 때로는 내가 영혼의 수프라 부르는 뼈째 우린 닭고기 수프를 담은 냄비, 때로는 캔과 그릇들을 들고서 허둥지둥 달린다. 고양이들도 이제는 내가 제법 익숙해졌는지 그 시간이 되면 다들 모여들고 급기야는 바쁜 내 걸음에 발 맞추어 함께 달리는 지경까지 이르렀다.

우리의 목적지는 물론 정해져 있다. 난 고정된 장소에서 밥을 주며 그 장소는 길고양이들도 익히 알고 있다. 그럼에도 불구하고 녀석들은 그 장소에서 얌전히 나를 기다리는 법이 없다. 녀석들은 내가 운전하는 차를 알고 있으며 그 차가 근처에 진입할 때부터 아주 야단법석 세리머니를 한다. 나도 달리고 고양이도 달리고 다 같이 한 방향 한 장소를 향해 달리는 것이다. 나는 이 광경이 이웃 주민의 시선을 끌까 봐 달리면서 끊임없이 보채며 우는 녀석들에게 "조용히 좀 해라."라고 어르면서 안절부절 더 바쁘게 움직인다. 어느 날인가 녀석들이 대체 왜 이렇게 시끄럽게 우는지 궁금해서 '미야오 톡'(고양이 언어 번역기 앱)을 켰다. 그랬더니 이런 내용으로 번역되었다.

"지금 엄청 바쁘다냥. 사냥감을 놓치지 않을 거다냥."

맙소사. 방금 녀석들이 나를 사냥감이라고 한 것인가? 그렇구나. 사냥감이 나타나서 아주 신이 난 것이로구나. 나를 반기는 세리머니는 작은 전사들의 용기와 흥을 북돋기 위한 노래였구나. 큰 사냥감인 나는 들고 있던 작은 사냥감을 각기 그릇에다 소분해서 밥 먹는 장소에다 내려놓았다. 녀석들은 큰 사냥감인 내게서 탈취한 작은 사냥감을 먹기 위해 가장 힘센 수컷을 보초병으로 세워 나를 감시하게 했다. 나는 큰 사냥감에서 이제 막 녀석들의 경쟁자로 바뀐 것이다. 어쩌면 녀석들은 나를 사냥감을 유인하는 미끼 사냥감이라고 생각할지도 모르겠다. 물고기를 낚는데 쓰는 지렁이 말이다. 그런 생각이 들자 웃음이 터졌다. 너무 재미있고 즐겁게 웃었지만 정말로 나는 무엇에 그렇게 웃음이 났던 것일까? 어떤 포인트에서?

나는 나를 고양이들에게 밥을 주러 가는 아저씨라고 생각했고, 고양이들은 나를 일정한 시간대에 길에 자주 출몰하는 사냥감이 나타났다고 생각했다. 나는 밥을 주는 것이라 생각했지만, 고양이들은 사냥을 하는 것이라 생각했다. 이 인식의 차이를 인지하게 되자 웃을 수 밖에 없었다. 이 웃음 이전에 나는 알게 모르게 고양이들도 나처럼, 인간처럼 생각하리라고 당연히 가정하고 있었다. 나는 인간이라면 누구에게나 '고양이 밥 주는 아저씨'일 것이고, 그리고 우리는 그 인식을 무의식적으로, 습관적으로 세계의 인식으로까지 확장시킨다. 여기서 세계는 나를 둘러싼 환경 전체를 의미한다. 우리는 나를 바라보는 세계가 인간 의식의 확장일 것이고, 인간과 동일한 눈을 갖고 있으리라 전제한다. 즉, 이 세계에서 나는 '고양이 밥 주는 아저씨' 일 것이고 쥐도, 개도, 고양이도 나를 그렇게 생각할 것이고, 나무나 풀, 꽃까지도 만약 의식이 존재한다면 당연히 그렇게 생각할 것이라고 가정한다. 그러나 이 가정과 전제가 무너졌다. 적어도 고양이는 나를 그렇게 생각하지 않았다. 세계의 동일성이 깨진 셈이다. 세계에 대한 무지, 우리 인식 체계의 어리석음이 드러난 순간에 나는 웃었다. 에두아르도 콘은 세계에 대한 우리의 무지가 드러나면서 웃게 되는 것을 "세계가 지닌 유머"라고 불렀다.

유머

"예기치 않은 사건은 세계의 모습에 대한 우리의 가정을 붕괴시킬 수 있다. 그리고 바로 이 붕괴, 즉 낡은 습관의 와해와 새로운 습관의 재구축이야말로 세계 속에서 생생히 살아있다는 우리의 느낌을 구성하는 것이다. 습관을 갖고 있다는 사실 때문이 아니라 낡은 습관을 버리고 새로운 습관을 받아들일 수밖에 없을 때, 세계는 우리에게 드러난다. 바로 이 순간이 우리 또한 기여하는 창발적인 실재의 반짝임을 - 아무리 매개된다 해도 - 엿볼 수 있는 순간이다."[22]

---

22) Eduardo Kohn, <How Forests Think: Toward an

〈숲은 생각한다〉에서 에두아르도 콘은 도나 해러웨이를 원용하며 "세계가 지닌 유머 감각에 대한 감각"[23]을 언급한다. 유머란 무엇일까? 결론적으로 말해 유머는 서로 다른 두 습관 체계가 충돌하면서 빚어지는 습관의 와해와 습관에 갇힌 우리 자신의 해방의 순간이다. 습관이 와해될 때 우리는 신체가 균형을 잃는 그 아찔함과 더불어 우리를 구속하고 있던 기존의 통념과 통속에서 자유롭게 되는 감각을 느낀다. 그것이 유머 감각이다. 이 유머 감각을 세계가 지녔다는 것은 무슨 말일까? 결론부터 말했기 때문에 여기서도 결론부터 말하면 이렇다. 모든 생명은 저마다의 습관 체계를 갖고 있고, 세계는 이 생명들이 갖고 있는 습관 체계들 간의 만남, 조우, 관계 맺기, 충돌이다. 이것이 세계가 지닌 창발성이고, 생성이고, 세계 자체의 본질이다.

유머 감각을 이해하는데 있어 '습관 체계'라고 하는 것은 아주 중요한 단어다. 습관 체계라고 하는 것은 인류학에서도 중요한 개념이다. 찰스 샌더스 퍼스의 기호론이

Anthropology Beyond the Human>(University of California Press, 2013). [국역본] 에두아르도 콘, <숲은 생각한다>(사월의 책, 차은정 옮김, 2018), p.120

23) 에두아르도 콘, 위의 책, p.115

등장한 이후 다양한 문화권이 갖는 상징과 기호들을 그 문화권의 습관 체계들의 흔적들로 이해하는 상징인류학이 번성하게 되었다.

"상징과 기호는 습관 체계이다"라는 선언이 무척 평이해 보이는 것 같지만 결코 그렇지 않다. 보편적으로 우리는 상징과 기호를 언어의 연장과 확장으로 이해하는 경우가 훨씬 많기 때문이다. 상징과 기호가 습관 체계라고 한다면 가령, 나무나 꽃 그리고 동물도 상징과 기호를 갖고 있을 것이다. 그러나 상징과 기호가 만약 언어라고 이해한다면 나무와 꽃, 동물이 언어를 갖고 있다고 생각하기 어렵다.

이 둘의 이해에는 엄청난 차이가 있는 것이다. '기호 작용'이란 말을 생각해보자. 기호를 습관 체계로 이해한다면 기호 작용이란 것은 모든 생명체가 갖는 표상 활동 전부를 가리키는 것으로 이해할 수 있다. 그러나 기호를 언어 구조적으로 이해한다면 기호 작용은 의미를 전달하고 전달받는 언어 행위로 이해할 것이다. 그리고 그 언어 행위는 인간만이 가능한 활동으로 이해할 것이다. 에두아르도 콘은 기호에 대한 후자의 이해를 비판한다.

콘에게 있어 기호 작용은 인간의 언어적 활동만을 가리키는 것이 아니다. 그것은 '세계'의 기호 작용이며, 모든 생명이 지닌 표상 그 자체의 활동을 가리킨다. 오늘날 소쉬르적 언어 체계는 사회 이론에서 특권적 위치를 갖고 있다. 모든 인간의 행동과 행위에 대해 그것이 언어처럼 구조화되어 있으며 따라서 기표와 기의를 갖는 것으로 구조화되어 있다고 가정한다. 그리고 더 나아가 인간의 행동과 행위뿐만 아니라 모든 생명의 행동과 행위도 언어 체계화되어 있을 것이라고 암묵적으로 전제한다.

콘은 그런 식의 가정에 근거한 사회 이론들에 대해 "언어와 표상을 혼동하는 것"이라고 지적한다. 무엇보다 각각의 생명 활동 모두는 각각의 표상이다. 예컨대 여름철에 장미 꽃잎이 붉은 것은 표상이지 언어가 아니다. 그럼에도 불구하고 언어적 구조주의 이론은 붉은색의 꽃잎이 기표로써 특정한 기의를 지시하고 있다고 가정하며 기표라는 베일을 벗겨 기의를 드러내어 분석하는 대상으로 삼는다. 이렇게 언어를 중심에 놓는 사고에서는 존재하는 모든 기호(생명의 표상 체계)의 목적은 소통에 있는 것처럼 보이게 된다. 그리고 기호 작용을 생명의 창발성이 아니라 소통 가능성의 문제로 파악하게 된다.

언어중심주의에 따르면 생명은 언어적으로 고립되어 있으며 그 고립으로부터 빠져나오려는 노력 속에서 혹은 타의에 의해 의미적으로(세계-내적 의미) 구제되어야 하는 것으로 사고하는 것이다. '타자'는 기의를 갖지 못한 기표로 그것은 이해불능성으로 이해된다. 타자는 언어적 과정을 거쳐 그에 맞는 적절한 의미, 적절한 언어를 가질 때에만 세계에 등장할 수 있다. 그러므로 이런 언어중심적 사고들에는 흑인에 대한 백인의 언어적 구제 행위(흑인은 언어를 가지지 못했으므로), 여성에 대한 남성의 언어적 구제 행위(여성은 언어에 서툴기 때문에), 동물에 대한 인간의 언어적 구제 행위(동물은 언어가 없으므로)를 정당화할 수 있는 제국주의적 사고가 숨겨져 있다.

콘은 기호를 소통 수단이나 소통을 목적으로 하는 것으로 사고하는 언어 중심주의를 비판하면서 대안적 기호론을 부각시킨다. 콘은 퍼스에 근거해서 생명의 표상과 그 기호 작용은 단순하게 말해서 습관들이라고 본다. 세계는 모든 존재의 각각의 습관들이며, 생명이 지닌 다양한 습관들의 체계(체계는 '습관들의 습관'을 뜻하며 퍼스에게 있어 이것은 상징이다)가 펼쳐지는 전체로써의 그라운드다.

도상·인덱스·상징으로 모든 기호를 분류하는 퍼스의 기호론은 콘에게 있어 생명의 표상들이다. 표상은 "부분이 아닌(인간을 넘어선) 전체"=세계로써의 사고와 정신적 표상이다. 콘의 기호론은 기호 활동을 모든 생명의 보편적 토대로 바라보는 것이다. 즉, 생명은 그 자체로 기호 작용이다. 콘의 기호론을 이제부터 *생태적 기호론*이라 부르기로 하자.

타자

언어중심주의에서 벗어난 생태적 기호론에서 기호의 목적은 소통이 아니다. 타자는 소통 가능성/불능성으로 제시되는 그런 타자도 아니다. 그 타자는 우리(같은 습관을 공유하는)와 다른 습관을 가진 자다. 그 타자는 우리에게 이 세계가 와해와 붕괴의 아찔함, 그리고 우리가 새로운 존재가 되는 것에서 오는 해방의 희열로 가득찬 곳이라는 걸 암시하는 그런 타자다. 즉, 타자는 세계의 부분 타자로서 우리 또한 이 세계의 부분 타자일 뿐이라는 것을 넌지시 알려주는 그런 타자다.

예컨대 고양이에게 밥을 주는 나의 반복된 행위의 목적은 고양이와의 소통이 아니다. 고양이에게 밥을 주는 나의 행위는 고양이가 대상이지만 그보다는 인간 사회에서 어떤 사회적 의미를 얻고 있는 반복적 행위다. 아마도 길에서 사는 고양이들에 대한 자선 행위, 나아가 동물에 대한 범인류적 혹은 범지구적 우호 행위로 인식될 것이다.

그러나 내 행위의 대상인 타자에게도 그런 것일까? 앞서 말했듯이 이 타자, 고양이는 밥을 주는 반복된 행위를 하는 나를 사냥감 혹은 유인-사냥감으로 인식할 수 있다. 그런 인식은 고양이(타자)의 습관 체계에서 더 자연스러운 일일 것이다. 그리고 당연하게도 그런 습관 체계를 갖는 고양이들도 내가 공유하는 세계의 일부분이며, 나의 습관 체계 또한 그 고양이들이 공유하는 세계의 일부분일 것이다. 나와 고양이는 서로서로 이 세계의 부분-타자들이다.

콘은 우리의 기호 작용은 타자, 혹은 차이들, 그것들 사이의 통약 불가능성에서 시작되지 않는다고 주장한다. 그렇다고 닮음, 동일성에서 시작되는 것도 아니다. "그것은 정지되어-있는-사고의 닮음-사고를 붕괴시킬 수도 있는 결과적 차이를 아직까지 알아채지 못하고 있는 닮음-에서 시작한다."[24]고 한다. 그러므로 세계라고 하는 것은 차이를 모르는 닮음에서 시작해 차이를 알고 "낯선 습관을 포괄할 새로운 습관을 창출"할 수 있도록 우리를 둘러싼 세계에 우리가 재접지할 수 있도록 우리 자신을 새롭게 만들어가는 것이다. 이것이 끊임없이 창발하는 세계의 경향성의 비밀이라고 콘은 말한다. 차이를 아는 순간이 기존 사고의 붕괴의 순간이며 이 사태에 대해 우리가 인지하는

---

24) 에두아르도 콘, 위의 책, p.122

것이 바로 세계의 유머라는 것이다. 생태적 기호론에서 유머는 낡은 습관 체계가 붕괴하는 지점이자 창발하는 세계의 시작이다. 그리고 그 웃음은 항상 우리의 부분-타자가 우리에게 가져오는 것이다. 가져와서 우리에게 전해준다는 측면에서 타자는 우리의 습관을 뒤흔드는 선물이다.

나 또한 집에서 고양이와 함께 살면서 동물이란 존재가 우리 인간이 완전히 이해할 수 없는, 인식 불가능성 세계관의 측면에서 완벽한 타자라고는 생각하지 않았다. 그렇다고 고양이와 인간은 닮았고, 그래서 인간과 같은 동일선상에 있다고도 생각하지 않았다. 동물은 세계와 인간 사이에 있는 진정한 사이-타자다. 현대 사회에서 우리 문화, 그리고 주체화 양식들-이 양식이 습관화된 체계다-은 두 개의 대립되는 철학 노선에 직면한 듯 보인다. 타자성과 차이를 강조하는 철학과 동일성의 철학이다. 동일성의 철학은 전체주의, 자본주의, 제국주의, 남성중심주의와 동일시되거나 적어도 그것들의 철학적 기반을 제공하는 것으로 간주되어 공격받아 왔다. 그 철학들은 남성을, 자본을, 서양을, 백인을 일반명사와 표준, 정상성으로 하여 동일성을 위해 차이를 무기력화하며 동일화라는 제국적 자기 확대 욕망에 의해 비남성, 비자본, 비국가를 식민화하는 논리다.

여기서 동일성은 표준화된 능력을 함축하고 있다. 가

령 고양이는 백인이 흑인에 대해 그러는 것처럼, 서양이 동양에 대해 그러는 것처럼, 남성이 여성에 대해 그러는 것처럼 인간의 일반 능력과 닮았지만 표준화된 능력의 정도에 있어 뒤떨어지는 것으로 측정되고 간주되어 백인-서양-남성 인간에 의해 식민화된다. 이 동일성의 철학을 강력히 비판하며 맞서 온 것은 타자성과 차이의 철학이다. 특히 페미니즘은 남성성=인간이라는, 남성을 인간 일반으로 동일시하는 철학에 맞서 여성의 차이를 강조해왔다. 그러나 이러한 차이는 곧잘 본질주의적 차이로 환원되었다. 성차는 환원(교환) 불가능한 차이, 생물학적인 불가역적 차이, 더 나아가 본질적으로 통약 불가능한 형이상학적 차이로까지 확대되곤 한다.

차이에 대한 이러한 본질주의적 관점은 타자에 대하여 주체가 건널 수 없는 강을 만들어낸다. 남성과 여성 사이에는, 인간과 동물 사이에는 이렇게 극복 불가능한(생물학적이고 인식론적인) 블록이 있다는 것이다. 주체는 차이의 실재를 인식할 수 없는 한계가 있으며 타자는 주체의 관점에서 경험하는(현상하는) 즉, 현상학적 차이만 인지할 수 있다고 여겨진다. 그리하여 주체가 할 수 있는 것이란 그런 본질적인 차이를 인정한 후 전적으로 이해 불능성인 타자를 완전히 수용하거나 반대로 완전히 배제하거나 그도 아니면 경쟁(만인의 만인에 대한 투쟁)하거나 또는 모나드(Monad)적으로 각 개체의 고립 속에서 살아가는 타협을 선택하는 것이 할 수 있는 전부인 것처럼 설명한다.

여기서 신체성은 전혀 새로운 문제나 새로운 대안적 사고가 될 수는 없을 듯하다. 즉, 타자와의 만남, 조우를 가능하게 해주는 것을 신체에서 찾거나 세계의 새로운 생성을 설명하기 위해 신체성의 주제에 천착하는 것은 그 신체 철학들의 기획 의도와 달리 여전히 같은 문제를 반복하는 것이다. 동일성의 철학이 신체와 자아의 자기 동일성적 통합된 신체(유기체와 유기체적 사고)에서 출발했던 것과 마찬가지로 타자성과 차이의 철학은 '몸'과 신체로의 회귀를 통해 감각, 인지, 느낌, 정동 등 주체 내부에 머물면서 외부를 경계 짓게 하는 신체의 한계성을 발견한다. 한계성은 생물학적인 차이로 표시된다. 동일성의 철학은 유기체적으로 통합-완성된(우열성을 가르는) 일자-신체를(우리는 모두 같은 몸을 갖고 있다), 차이의 철학은 유기체적으로 설정된 한계(차이)를 갖는 다수의 다자-신체에 주목하는 것이다(우리는 모두 각자 다른 몸을 갖고 있다).

그러나 다자-신체의 입장도 전자의 일자-신체의 입장이 갖는 자기 동일성의 원리를 내포할 수밖에 없는데, 여성이 여성으로서 존립하기 위해서는 구조적으로 여성에 대한 자기 동일성의 추구라는 내적 논리, 그리고 그 자기 동일성이 일자-신체와 다르고 그 신체가 일자-신체에 비해 결코 열등하지 않는 것이 되기 위해서는 통합된 신체로 존재해야 하기 때문이다. 그리하여 성차는 가령, 페니스/클리토리스 혹은 음경/질의 차이를 교환 불가능한 불가역적 차이로, 그리고 그 차이에 의한 인식론적 대립으로 연장해 사고하는 것이 된다.

그러나 만약 이런 식으로 접근한다면 우리는 인식론적으로 공유할 수 있는 토대가 없기에 "우리"일 수가 없다. 신체적 차이의 철학에 의하면 내가 고양이를 이해한다는 것은 그저 나의 착각에 지나지 않으며, 내가 고양이를 사랑한다는 것은 내 방식으로 고양이를 나와 같은 것으로 착각(나처럼 행동하고 나처럼 사고할 것을 기대하는)하는 행위에 불과해질 것이다. 생물학적 차이의 철학에 의하면 나는 나대로, 고양이는 고양이대로 그저 자신의 세계를 살아가게 놔두는 것이 최선일 것이다. 서로가 서로의 영역을 침범하지 않는다는 조건하에서 말이다. 이런 인식론적 구조에서는 차이에서 비롯되는 생명의 진화 혹은 세계의 창발성을 설명할 수 없다.

나는 동일성의 철학, 그리고 그 반대편의 타자성과 차이를 강조하는 철학 모두를 극복하는 것으로써 기호론을 내세우고 싶다. 타자란 단순하게 말해 서로 다른 습관들의 체계를 지칭하는 것이며, 차이는 그 습관들의 차이일 뿐이다. 혁명은 타자를 정복하거나 일소하거나 편입하거나 혹은 영원한 차이로 길항하는 것이 아니다. 혁명은 우리들, 자기 자신의 습관에 대해 웃을 수 있고, 그것을 낡고 고루한 것으로 취급할 수 있게 해주는 새로운 습관의 창출, 새로운 습관과 관련된 기호론적 혁명이다.

내가 고양이들에게 밥을 주는 행위를 반복한다면, 고양이들이 자신들의 습관 체계에서 내가 사냥감으로 인식되는 것을 넘어서는 어떤 지점까지 내가 충분히 반복한다면, 고양이들이 나를 보는 그 습관 체계는 낡은 것으로 붕괴될 것이다. 내가 밥을 주는 행위는 세계의 '증여' 혹은 자연의 '선물'로 고양이들에게 비로소 인식될 것이다. 그것이 고양이들 쪽에서 일어나는 습관의 붕괴라면, 내 쪽에서의 붕괴는 밥을 주는 행위가 자선이나 기부 등의 인간 사회적인 맥락에서 벗어나 보다 더 큰 세계의 맥락에서 나를 내어주는 행위로 인식되는 것에서 오는 충격이다.

인간은 자신을 항상 먹는 존재로 생각해왔다. 그런 습관 체계를 갖고 있다. 인간은 자신을 누군가에게, 다른 종에게 먹히는 존재로 생각해본 적이 없다. 그러나 더 큰 세계의 맥락에서 나는 사냥의 대상, 사냥감일 뿐이다. 먹히는 존재일 수 있는 것이다. 증여와 사냥, 선물이자 사냥감. 그러므로 나의 고립된 세계와 고양이의 고립된 세계라는 양세계에서 나의 행동은 두 세계를 잇는 기호적 희생제의처럼 보인다. 이렇게 고양이에게 밥을 주는 행위는 기호적 행동이 된다. 그것이 기호적 행동이 되는 순간, 그 행동은 생물학적으로 인지되며 감각 기관화된다. 반복을 거듭할수록 기호는 종의 진화 과정에 통합되어 유전적으로 코드화되기 시작한다. 고양이-인간은 그렇게 만들어진다. 이것이 생태적 기호론의 철학이다.

기호 행동

고양이-되기가 가능한가? 현재 유행하는 이론들, 특히 차이의 철학을 본질주의적으로 환원하는 가령, 성적 차이를 불가역적이고 생물학적이고 자연적인 것으로 간주하는 페미니즘 철학의 한 경향에서 '되기'는 불가능해 보인다. 그리고 물질과 정신의 이항대립을 넘어서기 위한 포스트모더니즘의 차이의 주체성 철학이 전략적으로 선택하고 있는 '지각하는(감각적인) 신체'를 특권화하는 경향, 깨어진 현상학적인 자아 이미지를 신체를 통해 다시 공고히 하려는 표상적 이론에서도 '되기'는 불가능해 보인다. 이 이론들에서 신체는 일종의 모든 정의의 규정적 경계, 한계점, 블록이다. 나는 들뢰즈와 가타리의 기계적 기호론에 입각해서, 또한 에두아르도 콘의 생태적 기호론에 입각해 신체의 블록들은 주체가 능히 건널 수 있는 강이며 교환 가능한 가역적인 것들이라고 주장하려 한다.

양성구유, 트랜스젠더, 많은 '사이 성(간성)'들이 존재하며 남성의 여성성, 여성의 남성성도 있다. 우리는 사이에 있으며, 살로 있으며 반죽된 신체들로 있다. 인식론적으로 우리는 "우리"일 수가 있으며 세계를 공유하며 세계 안에서 세계를 함께 만들어갈 수 있다. 나와 고양이가 함께하는 세계도 마찬가지다. 함께할 수 없음은 블록화된 자아의 논리다. 이 자아는 자신의 이미지를 세계-타자의 이미지와 교환 불가능한 하나의 닫힌 것, 한계-경계로써 제시한다. 에두아르도 콘은 이렇게 블록에 갇힌 자아를 '공황상태'라고 이름 붙인다.

> "공황상태에 빠지면 습관을 만드는 나의 정신과 습관을 만드는 타인의 정신 그리고 세계의 습관에 대한 경험을 공유하는 우리의 능력을 연결해주는 삼원적인 관계가 붕괴해버린다. 나아가 스스로를 향해 점차 사적인 것이 되어가는 정신을 유아론적

> 으로 감싸 안는 것은, 자기의 내부 붕괴라는 무시무시한 결과를 낳는다. 공황상태 속에서 자기는 세계의 나머지로부터 단절되는 모나드적인 "일차요소"가 되며, 해러웨이가 세계와의 보다 "육체적인" 연결이라고 불렀던 모든 종류의 실존을 의심하는 것만이 유일한 능력인 "사회의 가능한 구성원"이 된다. 요컨대 그 결과는 데카르트의 회의적 코기토다."[25]

하지만 우리는 경계 내부와 더불어 또한 언제나 경계 밖과의 교환 가능성으로써의 세계 안에 늘 동시적으로 있다. 주체와 타자성, 동일성과 차이들 등 실존과 세계가 머무는 곳은 신체도 아니고 그렇다고 주관성과 분리된 객관화된 물질 속에서도 아니고 사고나 정신 혹은 영혼 속에서도 아니다. 실존과 세계는 그 모든 것 사이에 있음직한 간주관성에 있지만 그 간주관성을 모든 생명(삶)의 공유 토대로써 보증하는 것은 실존하는 세계로써의 기호다. 즉, 우리 모든 생명과 세계는 표상에 의해 매개되어 기호적으로 존재하는 것이다. "우리의 모든 경험은 기호적으로 매개된다. 매개되지 않은 신체적 경험이나 내면적 사고는 존재하지 않는다."[26]

---

25) 에두아르도 콘, 위의 책, p.112

기호적으로 존재한다는 측면에서 인간도 동물도 남성도 여성도 물질도 정신도 기호다. 세계는 기호적 환경 그 자체이며 삶(생명)은 기호 작용 그 자체다. 그리고 기호는 발명될 수 있는 것이며 그것이 세계가 갖는 창발성이다. 그것이 모든 세계 내적인 존재가 공유하는 것이다. 바로 그 기호 작용이라는 공유의 토대가 있기 때문에 생명은 서로 간에 타자를 인지할 수 있으며 우리가 타자를 인지하는 방식이 다르더라도 타자에게 접근 가능하고 소통할 수 있듯이 타자 또한 우리를 특정하게 인지하며 우리에게 접근하고 우리와 소통할 수 있다. 소통뿐만 아니라 기호적으로 우리의 타자 되기가 가능해질뿐더러 무수한 차이를 갖는 새로운 되기들이 발명될 수 있다.

들뢰즈와 가타리에 의하면 세계는 '기호적 구축물'이다. 이것은 삶이 언어처럼 구조화되었다는 식의 은유가 아니다. 언어처럼 구조화되었다는 것은 보통 언어를 기표(형식)와 기의(내용)로 나누고 기표와 기의의 연결에 어떤 법칙성, 규칙성, 필연성이 있다기 보다는 자의적이고, 그런 의미에서 삶 또한 자신이 원하는 혹은 지향하는 삶의 실질적 내용과 구체적인 삶의 형식이 일치할 수 없고 그 사이의 괴리 때문에 인간은 괴롭다는 것을 의미하는 것이다.

---

26) 에두아르도 콘, 위의 책, p.113

내용과 형식의 괴리가 존재한다. 그 괴리 상태가 욕망 그 자체다. 욕망에 대한 우리의 일반적인 사고는 내용과 형식의 괴리를 삶에 있어서의 영원한 결핍성(핍진성)으로 인식하는 것이다.

세계와 삶이 언어처럼 구조화되었다면 타자 또한 언어처럼 해석되어야 하는 대상이고 타자가 언어인 한 타자의 표현도 내용과의 항상적 어긋남이라는 괴리가 있기에 우리에게는 늘 자의적 타자만이 있게 된다. 완전하게 타자에 닿게 되는 것, 그 닿음의 상태가 실재계라고 한다면 그것은 있을 수 없는 것이다. 언어가 갖는 소통의 궁극적 불능성은 욕망 실현의 궁극적 불가능성을 구축한다. 우리는 각각의 고립된 우주이며 세계는 이해할 수 없으며 삶은 괴리를 본성으로 하는 것이다. 그러나 들뢰즈와 가타리의 기호적 구축물로써의 세계는 우리가 우리일 수 있고 세계를 공유할 수 있다는 것을 보여준다.

들뢰즈와 가타리의 기호론은 기표(형식)와 기의(내용)를 쌍으로 하는 언어 중심적 기호론과 거리를 두고서 의식적으로 그것과의 경쟁 속에서 이론화했다고 할 수 있다. 특히 라캉 그룹에서 정신분석학 수련을 경험한 펠릭스 가타리는 언어 이론과 정신분석학 이론에서 기표의 위상을 특권화하고 있다고 맹렬히 비판했다. 언어적 의미화는 기표 우선성, 중심성을 가질 수밖에 없다. 기표의 관문을 통해서만이 의미를 해석할 수 있기 때문이다. 이는 권력의 구조화를 낳는 것인데 왜냐하면 기표에 대응하는 의미 내용(기의)이 전적으로 기표적 연쇄 작용에 대한 해석에 의지해야 하는 우발적이고, 자의적인 것이라면 언어적 의미화라는 것은 누가 해석하는가의 문제 즉, 해석의 권위 문제를 낳기 때문이다. 해석을 따르는 것은 의미화하는 권력의 힘에 굴복하는 것이다.

이런 이유로 들뢰즈와 가타리는 기표에 특권을 부여하지 않는 반기표적, 비기표적 기호론에 대한 아이디어를 발전시킨다. 그들은 곧 기표 중심주의와 언어 중심주의를 벗어날 수 있는, 기호론의 핵심이 되어야 할 개념을 발견한다. 그것은 '코드', '코드화'다. 그들은 기호를 큰 틀에서 두 개의 '형식'으로 구분한다. 물질이나 질료를 소재로 삼는 내용-형식과 의미를 소재로 삼는 표현-형식이 그것이다. 내용-형식이건 표현-형식이건 그 모두를 펠릭스 가타리는 코드화라 부른다.27)

---

27) Félix Guattari, <La révolution moléculaire>(Éditions Recherches, 1977). [영역본] Félix Guattri, David Cooper <Molecular Revolution: Psychiatry and Politics>(Penguin, 1984). [국역본] 펠릭스 가타리, <분자혁명>(윤수종 옮김, 푸른숲, 1998), p.315

표현-형식은 언어나 예술, 상징과 같은 것을 말한다. 그것은 우리가 이미 기호라고 알고 있는 것들이다. 도표, 상징, 언어와 같은 표현-형식도 코드화다. 그것은 각각 도표적 코드화, 상징적 코드화, 언어-기표적 코드화 등으로 분류하고 그 전체를 기호적 코드화로 분류할 수 있다. 내용-형식은, 예컨대 자연적이거나 생물학적인 실체가 갖는 형식의 하나로써 유전자와 같은 것, 네모이거나 동그랗거나 세모이거나 등등 물질이 갖는 형식들, 나뭇잎의 모양과 색깔, 개구리의 피부색, 고양이의 털 색깔 등과 같은 것이다. 세계 속에 실체를 드러내는 형식이란 점에서 그것은 표상이지만 비기호적으로 분류된다. 표상은 지시 대상을 갖고 있는 것이 아니라 표상이 속해 있는 영토성을 갖고 있다. 예를 들면 유전자 같은 것이 그렇다. 나무 이파리의 모양, 꽃의 색, 새의 노래 등등이 그렇다. 그래서 영토성은 다른 말로 환경, 물질적 환경이라 부를 수 있다. 이 환경적, 물질적 표상을 가타리는 비기호적 코드화 혹은 비기표적 코드화로 분류한다.

들뢰즈와 가타리, 특히 가타리가 집요하리만치 기호학적 대상을 세세하게 분류하는 이유는 무엇일까? 가타리가 분류한 다양한 코드화를 살펴보다 보면 언어-기표적 코드화를 제외한 나머지 코드화들은 코드 해제 혹은 탈코드화를 통해 코드 간의 교접이 가능하다는 것을 알 수 있다. 예를 들면 짝짓기를 위한 새의 노래소리는 비기호적인 환경적 코드화인가 아니면 기호적인 도표적 코드화인가? 아이가 똥을 싸는 행위와 똥에 집착하는 모양, 혹은 인간이 성교하는 행위와 성교에 집착하는 모양은 환경적 코드화인가 아니면 도표적 코드화인가? 이렇게 사이-코드화도 있으며 하나의 코드화에서 다른 코드화로 전환되는 코드들도 있는 것이다. 그렇게 해서 가타리는 비기표적인 생명활동 그 자체라 할 수 있는 행동까지 기호학의 주제로 삼게 되고, 더 나아가 자연적 표상, 인공적 표상 둘 다 갖고 있는 물질의 표상까지 기호학의 대상이 된다.

기호는 자연적인 것과 인공적인 것이 서로 교차하면서 교접하고, 생명 활동과 표현 행위가 서로 교차하면서 교접하고, 유전자와 기호가 서로 교차하면서 교접하는, 그 행위, 행동에서 발생하고 생성되는 다양한 코드들이 된다. 코드는 잘라내고 오려내어 다른 코드에 접붙이고, 코드를 다른 코드에 삽입하고 끼워 넣을 수 있다. 그러므로 생명과 물질로서의 삶은 내용과 표현 모두에서 코드 기계의 활동이라 할 수 있다. 들뢰즈와 가타리의 기호론은 *기호학적 기계론* 혹은 *기계적 기호론*이라 정의할 수 있다.

세계는 이런 기호적 환경에서만 드러나고 구축된다.

신체든 정신이든 물질이든 모두 기호이며 기호적 활동, 기호적 행위, 기호 행동이다. 이런 기호론은 세계에 대해 우리가 갖고 있다고 여겨지는 신체적인 한계 혹은 인식적 한계-주관성 혹은 상상계, 간주관성 혹은 상징계, 객관성 혹은 실재계-들을 넘어서게 한다. 이 사고는 다음과 같이 말하는 에두아르도 콘과 사실상 같은 말을 하는 것이다.

> "기호작용이 어떻게 상징적인 것보다 더욱 폭넓은 것인지를 인식함으로써 우리는 인간적인 것을 넘어 영속적으로 창발하는 세계 속에서 우리가 살아가는 방식을 알아볼 수 있다. 인간적인 것을 넘어선 인류학은 우리를 예외적인 존재로 만들어주는 하나의 습관-상징적인 것-의 한계를 넘어서는 것을 목표로 한다. 우리의 목표는 이 습관이 가진 독특한 효과를 최소화하는 것이 아니라 상징적인 전체가 우리 너머에 있는 세계 속에서 증식해 나가는 다른 수많은 습관들에 열려 있는 다양한 방식들을 보여주는 데 있다. 요컨대 목표는 우리가 열린 전체로 존재하는 방식에 대한 감각을 되찾는 것이다."[28]

---

28) 에두아르도 콘, 위의 책, p.121

코드화, 유전자 전달

퍼스에 의하면 상징은 습관에 대한 습관이다. 상징이 습관에 대한 습관이라면 길고양이들도 상징을 갖고 있다. 물론 길고양이들도 상징화 사고 체계를 갖고 있다. 물론 언어적 상징화는 아니다. 그렇다 하더라도 길고양이들은 나의 습관을 알고 있으며, 그 습관에 맞춰 자신들 또한 정해진 시간에 정해진 장소에 모이는 습관을 형성한다. 내가 길고양이에게 밥을 주기 위해 골목을 횡단할 때 고양이가 나를 따라오는 행위는 자신의 사냥 본능에 따른 도표적(정보의 시각화 및 다이어그램) 코드화라 할 수 있을 것이다. 고양이에게 있어서 나는 사냥의 대상 혹은 사냥물을 끌고 고양이들의 영토로 들어오는 유인체의 반복적 도상일 것이다. 그리하여 길고양이는 나라는 도상적 기호와 나와 닮은 주변 인간들의 도상을 구별하며 나와 독특한 관계를 맺게 된다. 이것이 습관에 대한 습관이다. 그러므로 고양이들도 우리와 마찬가지로 이 세계를 상징화하고 있다.

하지만 상징화의 최고 단계는 상징을 이해하는 것이 아니라 그 상징을 집단적으로 공유하고 그것을 전파하며 세대로 승계하는 것이다. 물질적인 것은 생물적 코드화인 유전자 캡슐에 담겨 전달되고, 비물질적인 것의 코드화는 기호적 상징을 통해 전달된다. 그러나 두 코드화 그러니까, 물질적인 것의 코드화와 비물질적인 것의 코드화는 서로 간섭하며 영향을 주고받는다. 그렇지 않다면 우리는 특히, 반려견종의 진화에서 알 수 있듯이 점점 더 인간 친화적인 종의 탄생과 그러한 종의 특성을 이해할 수 없을 것이다. 인간 친화적이라 함은 습관에 대한 습관 즉, 개와 인간이 상징의 공유를 통해 세계를 공유한다는 것이기 때문이다. 우리는 그런 인간 친화성이 보통 후천적 훈련을 통해서만 획득되는 것으로 생각하지만 그것은 상징이 유전자 전달에 미치는 영향을 과소평가하는 것이다. 상징은 물질적인 것의 코드를 벗겨내고 코딩을 새롭게 할 수 있다. 즉, 유전될 수 있다. 그 역도 마찬가지다.

이것을 이해하기 위해서 잠시 고양이들의 해부학적 구조를 살펴보자. 고양이들은 사냥을 할 때 개처럼 사냥물을 추적하지 않는다. 후각에 의지하는 고양이 코의 악갑개는 그리 크지 않아서 만약 사냥을 위해 장거리를 달려간다면 코의 공기 조절 시스템에 과부하를 일으킬 것이기 때문이다. 그래서 사냥물을 추적하지 않고 사냥하는 방법 즉, 기다리는 방법을 선택한다. 앉아서 기다리는 것이 고양이의 사냥법이라는 사실은 수많은 사례에서 입증되었다.[29]

---

29) 존 브래드쇼, 위의 책, p.187-193

고양이들은 사냥물이 지나다니는 길목에서 매복하며 사냥감이 지나갈 때를 기다리는 방식으로 사냥한다.

고양이에게 있어서는 사냥감이 반복적으로 나타나는 장소에 대한 인지, 지리적 감각이 무엇보다 중요하다. 고양이는 사냥을 위해 자신의 지도를 갖고 있어야 한다. 이것은 고양이가 영역 동물이라는 특성과도 연결된다. 고양이는 단순히 사냥만을 목적으로 과감하게 자신의 영역을 떠나는 모험을 강행하지 않는다. 고양이는 자신의 영역, 자신의 장소의 주인이고, 또 주인으로 행세해야 살 수 있다. 집고양이는 '인간을 따르지 않고 집을 따른다'는 옛말은 거기에서 연유한다. 물론 고양이도 영역을 떠나 다른 영역으로 이동할 때가 있다. 그러나 이것은 자기 영토의 확장인 것이지 한 영역을 버리거나 완전히 떠났다는 것을 의미하지 않는다. 고양이는 번식을 위해, 짝짓기를 위해 영역을 떠난다.

사냥할 때 적합한 때, 적합한 장소에서 기다리는 고양이의 특성으로 인해 매일 일정한 시간, 특정한 장소에서 밥을 주는 나를 고양이가 특별한 존재로 인지할 가능성은 매우 높다. 그리고 내가 만약 밥 주는 장소를 고양이들에게 좀 더 안전한 장소로 바꾼다면 고양이들은 금방 알아챌 것이다. 구태여 고양이들에게 말로 가르칠 필요가 없는 것이다. 고양이는 자신들의 습관에 따라서 우리의 의도를 이해하고 있으며 나아가 우리의 습관까지 이해하고 그것을 이용하고 있다는 것을 의미한다. 이는 고양이가 어떻게 인간의 가까운 곳에서 인간과의 공생 관계-공진화를 구축했는지, 그리고 반려동물로까지 진입하게 되었는지 이해할 수 있게 해준다.

고양이에게 있어 우리 인간은 사냥감이 아니라 사냥감을 유인하는 유도체, 유인체다. 인간이 농사를 짓고 곡식을 저장하는 창고를 소유하고부터 인간은 고양이에게 사냥물을 끌어들이는 가장 강력한 기호다. 인간은 자신의 주위로 쥐를 끌어들이는 존재이고, 인간은 고양이에게 잉여가치를 생산하는 공장과 마찬가지다. 게다가 인간은 곡식을 쥐로부터 보호하기 위해 고양이에게 자신들의 잉여가치를 조금 나눠준다. 이렇게 인간과 고양이는 동맹 관계가 된다. 인간은 먹을 것을 제공해 고양이를 끌어들이고 고양이는 인간을 끌어들여 사냥을 한다. 쥐를 잡는 능력 말고 고양이에게는 인간을 끌어들이는 무기가 또 하나 있다. 길에서 고양이들에게 밥을 줘 본 사람들은 모두 알고 있듯이 고양이는 인간 앞에서 재롱을 떨거나 자신의 미를 과시하여 인간을 유혹할 줄 안다는 점이다.

인간의 역사 아니, '인간성'의 역사가 노동의 발전과

함께 변화해왔다고 인정한다면, 자신의 노동력을 사회적 필요에 따라 매력적으로 만들기 위해 신체, 정신, 기술을 발전시켜 온 역사라고 한다면, 고양이는 환경의 변화에 따라 인간을 끌어들이기 위한 기호적 유혹 체계를 발전시켜 온 역사였다고 할 수 있다. 고양이는 그 유혹의 신체, 정신, 기술을 발전시켜왔다고 할 수 있다. 그래서 사람들이 어떤 고양이의 외모를 좋아하는지, 어떤 성격을 좋아하는지, 어떤 능력을 특별히 주목하는지 등등 고양이들이 그에 대해 알지 못한다고 결코 말할 수 없다. 그들은 분명 그렇게 진화해왔다.

오랜 세월 동안 인간의 주변에 가장 가까이 있는 동물이면서도 야생성과 독립성을 유지하는 동물이 고양이 외에 또 있을까? 그렇다면 고양이의 유전자 정보 안에는 물질적인 것의 코드화만이 아니라 비물질적인 것의 코드화까지 함축하고 있다고 해야 한다. 그 진화가 결국 어떤 고양이가 인간과 공유하는 이 세계에서 더 오래 살아남을 것인가를 두고 고양이들 사이에 선호 선택이 이뤄진 결과 아니냐고 주장한다면, 더더구나 유전자를 전적으로 물질적인 것의 코드화로만 보기 어려운 것이다. 인간이 어떤 고양이를 선호하는가(인간의 습관) 하는 점이 시대와 환경에 따라 변하고 또 그에 상응하는 고양이의 선호 선택(고양이의 습관)의 결과 돌연변이 고양이(습관에 대한 습관)가 생겨나고 그것이 진화하여 현재에 이른 것이라 생각한다면, 우리는 습관을 바꿈으로 해서 또한 고양이 진화에 능히 영향을 미칠 수 있다.

이런 결론은 자연에 대한 우리의 생각을 바꾸어 놓는다. 자연은 자연의 체계가 아니라, 그리고 나아가 객관성을 담보하는 순수한 물질의 체계가 아니라 자연 그 자체가 신체, 의식과 사고, 테크놀로지를 반영하는 기계적 체계이자 기호적 표현의 체계라는 생각에 도달하게 된다. 그리고 그 기계적 체계와 기호적 표현의 체계는 인간도 공유하는 그것이다. 들뢰즈와 가타리의 기계적 기호학은 바로 이 생각과 맞닿아 있다. 기계적 기호학을 내세운 그들의 철학적 야심은 유물론을 새롭게 하는 것이었다. 자연과 의식을 분리하는 것, 욕망과 사고를 분리하는 것, 인간 행동을 자연과 생물체적인 것에서부터 분리하는 것에 반대하여 그것을 통합하는 유물론. 유진 홀랜드는 들뢰즈와 가타리의 〈안티 오이디푸스〉에 대한 독해에서 이 점을 지적한다.

"들뢰즈와 가타리의 물질주의 혹은 유물론은 차라리 마르크스의 철학보다는 니체와 스피노자의 철학에 가까이 다가 있는 것처럼 보인다. 인간주의와 자연주의의 통합은 역사를 궁극적으로는 유전 코드의 형태로 발현하는 무의식에 기반한 생의 순환적 재생산으로 이해하는데 근거한다."30)

여기서 '되기'는 더 이상 은유가 아니다. 행동유전학, 진화생물학 등 현대 유전학에서 행동과 의식, 정신 등 비물질적인 코드화가 유전학에 미치는 영향에 대한 연구들을 고려해 볼 때 어쩌면 생명과 그 진화는 결국 기호의 유전과 기호적 진화, 기호적 돌연변이를 의미하는 것인지도 모른다. 그러므로 우리의 고양이 되기는 유전학적으로도, 생물학적으로, 사회적으로도, 문화적으로도 우리가 갖고 있는 기호의 탈코드화이고 동시에 고양이 기호의 해독 과정이며 이로부터 생겨나는 기호의 생성이다. 그것을 단순하게 표현하면 이렇게 될 것이다.

우리의 습관을 바꾸어 고양이의 습관을 바꾸고 우리와 고양이의 진화 모두에 영향을 미치는 돌연변이를 탄생시킨다. 그리고 반대로 이렇게 말할 수도 있다. 우리의 습관을 고양이의 습관으로 바꾸는 것. 그 모든 것이 고양이 되기다.

나는 1부의 '고양이 왕'에서 쾌락을 사회적 신체인 대

---

30) Eugene Holland, <Deleuze and Guattari's Anti-Oedipus: Introduction to Schizoanalysis>(Routledge, 1988). [국역본] 유진 홀랜드, <프로이트의 거짓말>(조현일 옮김, 접힘펼침, 2004), p.337

지에 공급하는 고양이 '왕'의 기능과 모계 중심의 무리로 이뤄진 사회를 묘사했다. 현재 우리가 구가하고 있는 것은 쾌락과 부를 개인과 핵가족 제도에 배분하는 자본주의 사회다. 자본주의는 개인에 대한 공급으로 사회체에 대한 공급을 대체하고 그로써 사회를 재생산해낸다.

나는 고양이 사회가 자본주의 사회보다 낫다고 생각한다. 고양이 사회는 인간 곁에서 가시적으로 자신들의 독자 사회를 구축하고 있는 광대한 사회다. 고양이와 우리는 세계를 공유하지만 한편으로는 다른 습관을 갖고 있다. 나의 고양이 되기는 고양이 습관을 인간 사회에 불러들여 인간 사회 내의 새로운 습관을 창출해내는 것이 될 것이다. 그리고 그 습관을 유전적으로 코드화하는 것, 그것이 고양이 되기다.

> "세계의 습관과 우리의 예측이 충돌할 때에만 비로소 세계의 다른 모습이, 현재 우리의 생각과는 다른 세계의 실존적 현실성이 드러난다. 이 붕괴 다음에 이어지는 시련이 성장이다. 이 낯선 습관을 포괄할 새로운 습관을 창출하는 것, 또 그 과정에서 아무리 순간적이라 해도 우리를 둘러싼 세계와 함께하도록 우리 자신을 새롭게 만들어가는 것, 그것이 바로 시련이다."[31]

코드-섹스, 번식과 되기

현대 사회에서 섹슈얼리티의 문제는 점점 정체성을 구성하는 데에 있어서나 특이성으로써의 주체를 구성하는 것에 있어 핵심적인 것으로 인식된다. 이는 단순히 생명이나 삶에 있어서 섹스나 성 욕망이 본질적이라는 주장과는 다른 의미를 갖는다. 맑스는 인간의 본질을 구성하는 것으로써의 '노동'을 발견하고 노동하는 존재로서의 인간을 이론적으로 정초했다면, 프로이트는 성 욕망에 의한 무의식의 발현을 인간 행위의 원초적 동기로 보면서 섹슈얼리티의 중요성을 발견했다. 그에 반해 들뢰즈와 가타리의 〈안티 오이디푸스〉는 유전 코드의 형태로 발현되는 생의 순환적 재생산 체계를 사회가 어떻게 기획하고 설계했는지에 따라 인류의 역사가 변해왔다는 것을 주장한다고 할 수 있다. 코드는 물질적인 재료임과 동시에 비물질적인 정보로 이뤄져 있다.

들뢰즈와 가타리에 의하면 욕망은 생명의 코드로부터 '기계'적으로 부여받은 것이다. 모든 생산은 코드로부터 촉

31) 에두아르도 콘, 위의 책, p.116

발되어 코드의 증식(재생산, 번식)으로 나아가는 과정에 있는 욕망 행위인 것이다. 그런 점에서 본다면 '노동' 또한 생명의 코드로부터 촉발되고 코드의 증식을 위해 나아가려는 하나의 욕망 행위에 지나지 않는다. 과연 인간 본연의 참모습을 설명해주는 게 노동이냐, 섹슈얼리티냐 하는 것은 더 이상 문제가 되지 않는다. 노동이건 섹슈얼리티이건 인간이 지닌 코드와 그 코드가 지닌 섹스(증식 기계)의 속박으로부터 자유롭지 않고 그 한계 속에서 사고 체계, 습관, 규약, 문화를 만들어 왔다는 것을 이해하는 것이 중요하다. 어떤 행위도 이 코드-섹스의 속박으로부터 자유롭지 않다. 섹스는 자연적인 상태 혹은 그 생물학적인 순간조차 코드-섹스다. 그러므로 생물학적이고 자연적인 범주로서의 성별과 사회적이고 문화적인 범주로서의 젠더를 구분하는 것은 무의미하다. 코드-섹스에서의 성적 기관과 기능은 성생식의 메커니즘(번식과 증식)에 속박되는 것으로 생물학적인 동시에 사고, 습관, 규약, 문화적인 것에 속박된다.

섹스는 한 사회 내에서 기호적 상징성을 획득하고 있다. 그 상징성 덕분에 섹스가 사회적 의미를 가지고 유통될 수 있다. 우리가 행하는 것은 섹스가 아니라 코드-섹스다. 한편 코드-섹스는 생명의 욕망이 반드시 생물학적 섹스의 욕구나 종의 번식에만 갇힐 수 없음을 말해주는 것이기도 하다. 섹스의 본질은 코드의 확장과 증식일뿐 아니라 코드 그 자체의 불안정성을 향하는 탈코드화를 통한 코드의 변이, 변종을 향해 나아가려 하는 것이기도 하다. 증식과 탈코드화, 이것들 전부가 내가 코드-섹스에서 의미하고자 하는 바다. 그러므로 섹스에 대한 욕구는 가족의 확대, 집단과 사회의 확대일뿐만 아니라 노동, 비즈니스, 과학, 예술, 종교, 철학 등과 같은 인간 행위의 특정한 비물질적 코드와 기호들의 생산 욕망이기도 하다. 코드-섹스는 번식(증식과 재생산)-욕망과 되기(생성과 창조)-욕망으로 분절된다. 들뢰즈와 가타리의 관심은 코드-섹스의 번식-욕망과 되기-욕망을 구분하고, 어떻게 삶을 번식에서 되기의 과정으로 전환시킬 수 있을지를 모색하는 것이다.

> "특정한 성격들의 재생산으로 우리들을 이끄는 계통 관계를 함축하고 있지 않는 (…) 계통 관계나 유전적 생산이 없는 서식, 전파, 생성을 어떻게 착상해 볼 수 있을까? 단일한 조상이 없는 다양체는?"32)

---

32) Gilles Deleuze, Félix Guattari, <Mille Plateaux>(Editions de Minuit, 1980). [영역본] <A Thousand Plateaus: Capitalism and Schizophrenia>(University of Minnesota Press, 1987). [국역본] 질 들뢰즈, 펠릭스 가타리, <천 개의 고원>(김재인 옮김, 새물결,

고양이 수컷은 번식을 위해 암컷과 교미를 하지만 대부분의 삶을 기호들을 탐색하고 사냥하고 자신의 영역과 영토를 확장하는 데에 바친다. 고양이 수컷은 암컷과 달리 자식 관계를 맺는 무리에 대한 어떤 직접적 관여도 없고 책임도 지지 않는다. 그럼에도 불구하고 고양이 수컷은 삶의 토대의 확보라는 측면에서, 고양이 무리가 살아갈 수 있는 대지의 확보, 영역과 영토의 확보라는 측면에서 간접적으로 무리에 기여한다. 고양이 무리가 살아가는데는 수많은 영역이 필요하다. 사냥터, 자기를 보호하고 편히 쉴 수 있는 영역, 유대 관계가 확립된 영역 즉, 공통의 기호 체계가 유통되는 영역 등등. 이 영역들을 고양이 무리의 자기 통치적 영토라고 부를 수 있을 것이다.

고양이 수컷은 이 영토를 더 멀리 확장하려는 이유로 영토를 벗어나는 탈주선 위에 올라서는 모험을 강행한다. 물론 고양이 수컷은 그 자신의 번식-욕망 때문에 다른 암컷을 만날 가능성을 높여주는 잠재적인 영역의 탐색으로써의 영토의 확장이라는 것으로 나아간다. 고양이의 삶을 지속 가능하게 해주는 고양이 수컷의 섹스 욕망은 무리들의 번식과 더불어 궁극적으로 탈주선에 올라타려는 이 되기의

2001), p.459

욕망에 있다. 이 되기의 욕망이 거세된다면 대지와 영토의 확보도 없을 것이고 삶의 지속성은 중단될 것이다. 대지의 필요성, 영토의 확보는 고양이 수컷에게 있어서 코드-섹스가 생물학적 번식-욕망에서 탈코드화되는 요인이자 기호적인 되기-욕망으로 전환되는 요인이다. 생명의 코드-섹스가 항상적으로 대지와 영토의 확보를 필요로 하는 상태, 이것이 바로 전쟁 기계로서의 생명이 갖는 숙명이다.

고양이 암컷은 번식을 위해 수컷을 일시적으로 자신의 영역으로 받아들이지만 일단 임신을 하고 자식을 양육하는 단계로 진입하면 냉랭해지며 수컷을 무리에서 내보낸다. 수컷을 내보내는 대신 고양이 암컷은 자기 영역의 가까운 암컷들의 도움을 받으며 생활한다. 수컷이 무리를 짓지 않고 단독자 혹은 독신 생활을 고수하는 것에 비해 암컷은 일시적으로 자신이 속한 무리를 가진다. 그러므로 고양이 사회는 암컷들의 일시적 동맹체 무리를 중심으로 한 모계 사회라 부를 수 있을 것이다. 암컷은 통치의 영토를 확보하고 영역을 향유하고 관리하면서 생명과 삶을 재생산하는 전 과정에서 탈코드-섹스 욕망에 지배받는다.

번식은 기존의 생물학적 코드를 재생산하는 자기 보존의 동력이지만 탈코드화로써의 섹스와 출산은 새로운 생물학적 코드를 합성, 보존, 생존케 하는 되기의 동력이다.

진화의 전단계에서 불안정한 코드를 안정화하고 코드의 변이체를 만들어 영토화 속에서, 사회 속에서 생존케 하고 사회를 번성케 하는 것은 고양이 암컷의 기능이다. 수컷의 되기-욕망이 탈영토화를 향해 있다면, 암컷의 되기-욕망은 탈코드화를 향해 있다.

비유적으로 표현하면 낯선 생명체인 에이리언을 운반하는 우주선은 수컷이며, 운반된 에이리언을 품어서 행성에 생존케 하는 것은 암컷이다. 코드-섹스란 곧 코드의 운반과 코드의 출산이다. 수컷과 암컷은 무엇보다 그 운반에서의 기계적 기능을 의미하는 것이다. 수나사와 암나사처럼. 낯선 코드를 품어서 그것을 해독하고 자신의 코드와 결합시켜 완전히 새로운 코드를 배양하고 숙성시키는 것은 암컷의 기능이다. 수컷은 전사이지만 암컷은 전리품 수집가이자 뒤에서 몰래 전사에 대항한 새로운 전사를 낳는, 미노스의 아내 파시파에다. 그리고 그 새로운 전사가 충분한 힘을 기를 때까지 환경을 조성하는 일, 일시적 동맹체를 맺는 것도 암컷이다. 우리는 이 일시적 동맹체를 친교양식 혹은 사교 양식이라 부를 것이다.

낳는 행위의 문제

현대 사회에서 섹슈얼리티는 출산이나 번식과 상관없는 비생식적 성 욕망으로만 이해되는 경향이 있다. 이는 들뢰즈와 가타리의 되기-욕망을 '타화수분'[33]의 측면에서만 독해하려는 경향에서도 나타난다. 되기-욕망에서의 타화수분이 그러한 것처럼 섹슈얼리티 이론은 '운반'에만 초점을 맞춘다. 그래서 되기-욕망에서건, 섹스에서건 주체성 이론은 운반자로서의 수컷의 기계적 기능만 강조하고 거기서 멈춘다. 생성과 창조에서 바람둥이 수컷의 매력만이 주체성으로 강조된다. 마치 번식은 섹스가 아니기라도 하는 것처럼 젠더, 퀴어, 동성애, 트랜스 성, 장애의 성 등의 담론에서 다루어지지 않으며 삭제된다. 이것은 우리가 소수자들의 성, 마이너리티의 성을 우리의 주체성으로 받아들일 때 번식-욕망을 포기해야함을 은연중에 함축하고 있으며, 되기-욕망에서 암컷의 기계적 기능을 흑화시키는 정치

---

33) 他花受粉; Cross-pollination: 서로 다른 그루나 다른 꽃 사이의 암술과 수술 사이에서 수분이 되는 현상을 말한다. 유전자 조성을 달리하는 분지계의 식물 개체 사이의 교잡, 또는 인위적으로 타화수분을 하게 하는 것. <Basic 중학생을 위한 과학 용어사전>(이수종, 신원문화사, 2007), 농촌진흥청 농업용어사전 참조.

적 효과를 낳는다.

생식을 섹슈얼리티 담론에서 삭제하는 이러한 경향은 그 역사가 깊다. 그중에서도 철학은 오래전부터 생식 혐오 혐의를 받고 있다. 고대 그리스에서의 호모 섹슈얼리티의 찬양은 성 욕망의 비생식적 사용 곧, 아이를 낳고 기르는 삶은 동물적 삶이며 인간적 삶은 앎에 대한 사랑을 실천함으로써 사회에 기여하는 업적을 쌓는 것이라는 생각에서 비롯되었다. 즉, 철학에의 찬양은 생식 혐오를 바탕으로 한 동물적 성 욕망에 대한 혐오와 가정적이고 가사적인 것에 속박되는 여성성으로 분류된 욕망에 대한 혐오의 이면이다. 고대 그리스의 호모 섹슈얼리티의 찬양은 남성 시민들만이 사회에 가치를 둔 논의를 할 수 있고, 공동의 목적을 두고 서로 경쟁하거나 화합할 수 있고, 업적을 만들 수 있다는 남성적 공모, 비혈연적 결속과 연대의 정치적 표현이다.

고대 그리스까지 거슬러가지 않더라도 생식 혐오는 인간적 업적이나 위대함의 능력이나 가능성과 연관되어 왔다. 프로이트는 성적 목표가 아닌 경제적 가치나 사회적 가치를 목표로 하는 욕망을 설명하기 위해 '승화(Sublimation)'라는 개념을 고안했다. 교육은 성 욕망의 억제, 대체, 승화를 통해 사회 발전과 문화적 발전을 이루는 것에 초점을 맞춘다. 그리고 이런 교육은 대체로 생식에 그다지 깊게 관여하지도 않고 책임도 없는 남성적 섹슈얼리티, 수컷의 기계적 기능과 비교적 잘 맞아 돌아가는 것이다. 남성적 섹슈얼리티는 발기와 사정의 메커니즘에 의해 형성되며 생식과는 그다지 관계가 없다. 따라서 밀란 쿤데라가 자신의 한 에세이에서 '아이를 낳지 않으려는 남자는 여성 혐오자다'라고 말한 것은 매우 직관적인 혜안을 지닌 주장이다.34)

그러나 여성적 섹슈얼리티는 자신의 신체가 지닌 생식 기관의 원초적 이질성에 의해 형성된다. 여성적 섹슈얼리티는 이질적이고 낯선 타자(생식 기관의 타자성으로서의 월경, 타자로서의 남근을 받아들이는 것, 그리고 타자로서의 아이를 신체 안에 품고 만들어 내는 소모와 생산의 과정)를 포함함으로써 감각적으로 통합적인 이미지로 단일한 욕망을 가진 성적 신체와 주체를 생산할 수 없다. 여성적 섹슈얼리티는 분열된 신체의 분열적 주체성이며, 여성적 주체는 특정한 환경에서의 분열들 간의 타협적 산물로만, 일종의 다자적 욕망들 간의 계약 관계로만 나타난다. 암컷

34) Milan Kundera, <L'art du Roman>(Gallimard, 1986). [국역본] 밀란 쿤데라, <소설의 기술>(권오룡 옮김, 책세상, 1990), p.144

의 기계적 기능은 번식-욕망을 되기-욕망으로 전환하는 것과 직접적으로 관련되며 되기 그 자체라 할 수 있다.

그런 점에서 되기의 과정에서 섹슈얼리티의 역할을 사고할 때 쾌락에의 활용에만 집중하고 생식의 문제를 삭제하는 퀴어 이론은 섹슈얼리티 정치학의 가장 중요한 핵심을 배제하는 것이나 다를 바 없다. 누구와 성교할 것인가의 문제는 누구와 무엇을 낳을 것인가의 문제와 결속되지 않으면 아무 의미가 없다.

무엇을 낳느냐가 진짜 문제라는 것은 현대 사회의 정치적 쟁점이 누구와 성교하느냐의 문제에서 '임신에 대한 통제'로 점차 이동해왔다는 것에서도 알 수 있다. 생물학적으로든, 사회적으로든, 문화적으로든 낳는 것 자체, 낳는 행위 자체를 통제하는 것 그리고 그 통제가 위기에 처하게 될 때 그를 둘러싸고 새롭게 형성되는 권력의 구성이 항상 문제가 된다.

지금의 자본주의는 누가 누구와 어떤 방식으로 성교하는지 사실상 관심이 없다. 자본주의는 증식하는 '인구'를 필요로 할 뿐이다. 자본주의의 진짜 관심은 노동력으로서의 대규모 인구의 확보이며, 생식력으로써의 섹슈얼리티다. 그 '인구'에 영토성을 부여하고 그 영토에 다시 혈연관계의 의미를 부여해 민족의 과제로 삼는 것은 가족과 국가다. 대지를 넓히고 그 모든 대지에서 증식하려는 수컷의 기계적 기능은 자본주의의 국가적 욕망과 잘 어울리는 것이다.

1970년대부터 여성의 일부, 페미니즘의 일부는 낳는 것을 회피함으로써 정치적으로 이에 대응해왔다. 사회가 성 욕망을 생식과 쾌락으로 분절하고, 그 두 개를 선택할 수 있도록 테크놀로지가 발전해 온 것은 여성의 선택의 자유에 도움을 제공했다. 동성애가 반자본주의와 강력히 연결될 수 있었던 것도 이러한 생식의 회피 때문이었다. 1970년대 초에 펠릭스 가타리는 '무명씨'라는 이름으로 이렇게 썼다.

> "우리는 아이(자녀)를 가지지 않는다. 우리는 이러한 종류의 잉여가치를 분비하지 않는다. (우리에게 자녀를 가지지 못하게 하는 것은 우리의 여성거부 때문만은 아니다. 또한 입양법이 부모가 없는 아이들을 오직 경찰 조사 후에 정식으로 인정된 부르주아와 이성애 커플에게만 위탁하기 때문이다. 우리는 여자들을 수태시키지 않을 뿐만 아니라 우리의 상황은 다리 사이의 작은 미개인들에 의해 변하는 것을 금지하고 있다.) 결국 우리는 지구의 인구

증가 오염에 대한 가장 강력한 처방이다. 우리밖에 없다면 인류는 완전히 멈출 것이다. 즉, 아무도 생겨나지 않고 어린이도 청소년도 존재하지 않고 우리는 서로 똥꼬를 찌르는 허무주의적인 평온한 노인이 될 것이다."[35]

이렇게 한때는 인구를 생산하지 않는 것, 낳지 않는 것은 반자본주의, 반가부장주의, 반국가주의 정치 행동의 각광을 받았다. 그러나 최근 인구 위기와 사회 재생산의 위기가 거론되면서 낳지 않으려는 행동은 우파의 표적이 될 뿐만 아니라 좌파의 공격까지 받게 되었다. 우파는 재생산 통치 영역에 위기가 도래했으며, 이것이 국가의 미래를 위태롭게 하고 있다고 진단하고 그 위기를 몰고 온 주범으로 여성을 지목한다.

우파는 생식력으로서의 섹슈얼리티를 복원해야 한다고 생각한다. 생식력의 복원이란 다름아닌 발기력과 사정

35) 펠릭스 가타리의 편집으로 처음 익명으로 출판된 이 텍스트는 기 오껭겜(Guy Hocquenghem)이 원저자로 알려졌으나, 최근 크리스티앙 마우렐(Christian Maurel)이 원저자라는 주장이 제기되었다. 'Les Culs énergumènes', (Trois millards de pervers, Recherches, mars 1973). [국역본] '똥꼬에 열광하는 사람들', <가타리가 실천하는 욕망과 혁명>(윤수종 편역, 문화과학사, 2004), p.127

력으로 사회에 대한 남성적 섹슈얼리티의 지배권을 되찾으려는 의도다. 이들의 상상의 계획에서 섹스는 자연의 과정이며, 여성은 섹스를 거부해선 안되고, 여성이 발기력을 돕고 사정력을 돕는, 철저하게 대상화된 존재인 것은 자연이 그러한 것이므로 어쩔 수 없다. 우파는 이런 주장을 '자연의 법'인 듯이 제기한다.

가령, '일베'류의 커뮤니티는 남성 청년 세대의 경제적 좌절이 어떻게 성적으로 결혼-출산-가족 구성이라는 재생산에서의 좌절로 체계화되어 이성애적 남성의 일반 위기로 전환되고, 그리고 그 성적 위기가 어떻게 정동적으로 인셀(Involuntary Celibate: 비자발적 독신주의)화되고 공공연한 여성 혐오와 정치적 적대로 발현되는지를 보여준다. '일베'류의 여성 혐오는 성교를 거부하는 여성, 생식을 거부하는 여성에 대해 반자연적이며 반사회적인 이미지를 만들어 내고 사회를 위해서는 이 여성들이 원하지 않더라도 자연의 재생산 법칙을 강제화하는 '강제 섹스'가 필요함을 공공연히 드러낸다.

한편, 이 반여성 남성연대는 호모 섹슈얼리티를 정치적으로 적극 활용하고 차용한다. 섹스와 생식을 거부하는 여성에 대한 혐오를 기반으로 한 호모 섹슈얼리티의 외양은 거짓된 게이 파시즘, 게이 애국주의로 공공연히 이념화

되기도 한다. 게이 파시즘은 여성들에게 성욕 해결을 구걸하지 않는 게이들은 여성과 친족 부양에 얽매이지 않기에 막대한 가처분 소득을 가졌으리라는 환상(그리고 게이 중산층이 될 수 있으리라는 환상)에 근거해 문화적으로 번성하고 소비된다. 모든 파시즘이 사회에 대한 위협과 협박에 다름없듯 게이 파시즘 또한 인구 위기를 볼모로 해 남성적 섹슈얼리티로 사회를 지배하고자 하는 위협과 협박에 다름없다.

이런 우파에 반해 좌파는 낳지 않으려는 행동과 자기보존 즉, 공동체의 지속 가능성이라는 주제 사이에서 엉거주춤 우왕좌왕하고 있는 것처럼 보인다. 낳지 않으려는 행동은 정치적 대안이나 대항을 형성하기 보다는 점점 더 현실에 압살당하고 질식당하는 급진 좌파들의 자족적인 덫처럼 되어가고 있다. 나는 이 궁지가 섹슈얼리티에서의 낳는 것에 대한 이론적 공백 때문이라 생각한다. 현재까지 퀴어이론은 생식과 재생산 과정에 대한 비판을 수행하는 이론이 아니라, 여전히 누가 누구와 자는가의 문제를 중심으로 한 주체성 탐구의 이론이다. 재생산 과정에 대한 비판적 분석의 부재는 게이 파시즘의 부상, 그리고 반동적 호모섹슈얼리티가 저항하는 게이와 동일시되는 현상에 대해 그것을 구별해내거나 행위나 행동으로써 차이화할 수 있는 효과적인 비판을 수행하지 못하고 있다.

하이퍼팝 아티스트이자 자신을 젠더 퀴어로 소개하는 도리안 엘렉트라(Dorian Electra)의 '마이 아젠다(My Agenda)' 뮤직비디오는 분명 호모 섹슈얼리티의 우파 가속주의 버전의 외양을 하고 있다. '마이 아젠다'는 여러모로 1990년대 중반 신자유주의적 세계화가 지구를 휩쓸고(자본의 지구화) 있을 무렵 발표된 브릿팝 밴드 스웨이드(Suede)의 '뷰티풀 원스(Beautiful Ones)'를 닮았다.

스웨이드의 노래 '뷰티풀 원스'는 1960년대 말 생태과학자 존 B. 칼훈 교수의 '쥐 실험'의 결과에서 아이디어를 얻은 것으로 알려져 있다. 이 실험은 야생 쥐 네 쌍에게 먹을 것과 물을 인위적으로 공급, 통제하면서 고양이 등의 천적으로부터 보호된 환경을 만들 경우 어떤 일이 벌어지는지를 관찰하는 것이었다. 결과적으로 쥐들은 잘 번식하다가 그 수가 공간 임계치를 넘어서면서 영양 부족과 극도의 스트레스 현상을 겪다가 실험 600일째 되는 날 최후의 쥐가 태어나고, 이후 완전히 붕괴되는 것으로 결론이 난다. 여기서 공간 임계치에 따른 영양 부족과 스트레스로 인해 발생하는 현상으로 나타나는 것이 쥐들의 동성애와 출생률 저하다. 그리고 최후의 세대는 출생률 저하로 인해 건강 상태가 다시 호전되어 아주 양호해지나 번식을 하지 않고 혼자 먹고 살며 자신을 꾸미는 일에만 열중하는 것으로 파악되었다고 한다. 그래서 이 최후의 세대를 '뷰티풀 원스'라고 부른다.

스웨이드의 '뷰티풀 원스'는 바로 이 쥐 실험의 1990년대 버전인 자본의 지구화에서 더 이상 확장될 수 없는 자본에 의해 잠식된 공간의 임계치에서 질식사하고 있는 세대의 모습을 본 것이라 할 수 있다. 이 노래에서 게이, 트랜스젠더 등은 더 이상 번식하지 않는 마지막 세대를 의미하고, '뷰티풀 원스'는 칼훈 교수의 실험 리포트와 다르게 멸종의 가속화, 자멸을 택함으로써 새로운 사회를 건설할 수 있다는 의미를 내포한다. 그러나 이 좌파적 가속주의는 2020년대의 도리안 엘렉트라에게 건너와서 성적으로 실패한 호모 소셜의 옷으로 바꿔 입고서 게이 네이션과 게이 애국주의를 외치고 마침내 약물 폭탄을 투하해 암컷 없이도 만들어 낼 수 있는 변종 개구리를 탄생시키는 것으로 끝맺는다.

우파 가속주의는 과학 기술의 발달로 여자 없이도 아이를 낳을 수 있는 유전자 기술과 '인공 자궁' 개념이 초래하는 현실은 우리에게 여성 해방 사회를 가져다주는 버전이 아니라 여성이 쓸모없는 것으로 일반화되는 잉여 여성 사회라는 악몽의 버전일 수도 있다는 것을 보여준다.

그러나 이 호모 섹슈얼리티적인 우파 가속주의 앞에서 그에 대한 대안이나 대항으로써 여성의 생식력이 갖는 가치, 자연적 자궁의 가치를 되찾자는 것으로 돌아갈 수는 없다. 그런 복귀는 바로 우파 가속주의가 원하는 것이기도 하다.

펠릭스 가타리에 따르면 계급 갈등은 항상 성적으로 코드화된다. 그에 따르면[36] 자본주의 사회에서 노동자는 성적으로(남근이 되는 것) 실패한 부르주아지다. 그리고 동성애는 비정상인으로 분류되는 것이 아니라 성적으로 실패한 정상인일 뿐이다. 그래서 만약 금전적으로 성공한 중산층 게이가 있다면 그는 성공한 비정상인이 아니라 성적으로 성공한 부르주아지인 것이다.

가타리는 동성애자는 희생자이지만 동성애 그 자체는 이성애 매트릭스에 속해 있는, 이성애적 구도에서 움직이는 섹슈얼리티라고 파악한다. "동성애 자체는 자신의 상상적 혹은 사회적 근거를 이성애 체제 속에 두고 있다"[37] 즉, 동성애는 낭만적 사랑, 결혼하기, 재생산-가족 만들기 등의 상징적 차원에서(그리고 의례적 차원에서) 이성애적 의고주의(擬古主義)에 여전히 붙잡혀 있는 섹슈얼리티인 것이다.

---

36) 펠릭스 가타리, 위의 책, p.116

37) 펠릭스 가타리, 위의 책, p.126

결국 동성애 그 자체가 혁명적인 것은 전혀 아니다. 단지 이성애 보다 혁명적일 수 있는 가능성을 갖고 있을 뿐이다. 그것이 혁명적으로 될 수 있는 이유는 바로 '비생식성'에 있다. 그 비생식성이 낭만적 사랑, 결혼하기, 재생산-가족 만들기라는 자본주의의 성적 재영토화에서 탈출하고자 하는 욕망과 연결되는 한에서 말이다. 그러나 가타리는 낳지 않는 것이 갖고 있는 그 부정성의 아이러니에 만족하지 않고 낳는 것, 낳고 싶은 욕망에 대해 말한다.

"나는 (…) 번식하고 싶다"38) 들뢰즈와 가타리는 낳는 행위의 문제에서 왜 생식 자궁을 가진 '모성'이 아니라 비생식적 '동성애'를 경유하는 것을 선호하는가? 진정한 되기-욕망은 생물학적 여성이 남성을 만나 아이를 낳는 것이 아니라 동성애자가 아이를 낳는 것과 더 닮았기 때문이다. 이것이 들뢰즈와 가타리의 생성과 되기를 이해하는 핵심이다.

동성애는 비생식적 관계이지만 바로 그런 이유로 번식-욕망을 되기-욕망으로 전환시킬 수 있는 관계다. 동성애는 성의 장르 혹은 성 카테고리가 아니다. 가타리에게 있어 동성애는 새로운 임신하기로써의 창조적 관계를 형성하고 새로운 사회로 가는 이행의 수단이다. 우리에게는 새

---

38) 펠릭스 가타리, 위의 책, p.150

로운 사회적 관계 맺기 이론으로써의 섹슈얼리티, 새로운 생식-임신 양식을 포괄하는 섹슈얼리티 이론이 필요하다.

푸코는 누구와 어떻게 성교할 것인가의 문제가 정치와 권력의 핵심을 이뤘다고 생각했지만 그보다는 누구와 무엇을 낳을 것인가의 문제가 정치와 권력의 핵심을 이뤘다고 생각해야 한다. 생명정치는 사회 재생산을 타깃으로 하는 정치다. 그러므로 대항 섹슈얼리티를 사회 재생산으로부터 단순히 분리시키는 것, 그것과 선을 긋는 것, 재생산의 맥락과 문맥으로부터 기호를 탈구시키는 것으로는 더 이상 충분치 않다.

이 사회는 여성을 적극적으로 임신 가능한 여성으로 즉, 재생산성을 중심으로 성적으로 구성해왔다. 성인식이라는 상징 체계는 그것을 단적으로 보여준다. 원시 사회에서건 근대 산업 사회에서건 어떤 사회에서나 성인식은 음경의 발기력과 사정력으로서의 남성을, 그에 상응하는 것으로 자궁의 생식력으로서의 여성을 만들어왔다. 근대 과학은 그것을 좀 더 정밀하게 이론화한 것이다.

원시 부족 사회의 소녀들에게 행해지는 상징 의례는 소녀가 갖고 있는 모험적이고 전사적인 요소들인 남성적 능력에 대한 저주들로 이뤄진다. 의례에 등장해 여성들을 공포와 두려움에 휩싸이게 하는 퓨마와 같은 고양잇과 동물의 가면을 쓴 영혼은 남성성이다. 이 동물 가면은 소녀들의 성인 의례뿐 아니라 아이를 낳지 못하는 여성들의 치료 의례에도 공통적으로 등장한다. 이들 상징 의례에 따르면 소녀들은 자신의 몸에 자리잡은 남성 영혼을 몰아내야만 여성이 될 수 있다. 전사인 남성 영혼의 지배를 받는 여자는 아이를 낳을 수 없다. 즉, 우리의 상징계에서 여성성은 남성성을 몸으로부터 축출하고 몰아내야만 얻을 수 있는 생식력이다.

이는 우리가 생각하고 있는 것과 다른 사실을 알려준다. 우리는 저주받는 쪽이 항상 여성성이라 생각해왔다. 그러나 상징 의례가 보여주는 것은 사회가 두 개의 성을 구성원들에게 할당하기 위해 의도적으로 반대의 성을 저주하고 혐오하고 두려워하도록 이진화된 성 정체성을 제작해왔다는 사실이다. 많은 의례에서 불리는 남성의 노래와 여성의 노래는 쌍방 간 상대의 성에 대한 혐오 욕설을 주고받는 것이다. 이 혐오는 두 개의 성을 더 분명히 구별할 수 있도록 하는 기능을 함과 동시에 교접에 대한 성 욕망을 극대화하는 기능을 한다.[39]

그러므로 이 사회적 체계의 바깥으로 몰아내진 것은 여성성이 아니라 소녀성이다. 들뢰즈와 가타리의 '분자적

---

39) 이에 대해서는 2부에 소개된 빅터 터너, <의례의 과정> 참조.

여성 되기'로서의 소녀-되기라고 하는 것은 남성성의 영혼을 몸에서 몰아내지 않은 미분적 성의 몸, 비생식적 주체를 의미한다. 남근 중심주의의 대항 섹슈얼리티는 여성 섹슈얼리티가 아니라 미분적 섹슈얼리티다. 그리고 이런 미분적 섹슈얼리티에서야말로 번식-욕망과 되기-욕망의 상호 전환이 이뤄진다.

소녀는 자신의 남성성과 관계를 맺는 미여성 주체이자 유전적인 성관계없는 임신을 희구하는 그런 주체다. 그런 점에서 줄리아 크리스테바의 자궁 모체보다 도나 해러웨이의 '반려종 선언'이 더욱 혁명적이다. 대항 섹슈얼리티의 번식-욕망이란 인구의 증식이 아니라 결국 기호의 발명(새로운 사랑의 창조)과 기호적 번식(새로운 사회적 사교 양식의 개발)에 다름 아니기 때문이다.

나는 이성애자이지만 또한

나는 이성애자 남성이다. 하지만 나는 누구와 어떻게 섹스하는지를 그다지 중요하게 생각하지 않았다. 여자와도, 남자와도 섹스를 할 수 있고 그렇게 하기도 하지만 스스로는 이성애자라 여기고 있다. 여자와의 섹스가 훨씬 편하고 훨씬 더 나를 고무하고 자극하기 때문이다. 섹스의 방법에 있어선 특별한 취향 같은 건 없다. 파트너에 따라 달라지고, 둘의 관계 양상이나 조성에 따라 매우 달라졌다. 특별히 거부감이 드는 취향이란 게 없었다.

그에 비해 누구와 무엇을 낳을 것인가의 문제는 내게 매우 중요했다. 젊은 날 나는 진부한 드라마를 싫어했다. 커플이 되어 충성의 맹세를 하고 상대의 자유를 구속하며 교제를 하다가 나이가 차면 결혼을 해 아이를 낳고 가정을 꾸리며 부모 세대를 답습하고 부모와 자식 간 강한 유전적 유대 관계를 맺고 살아가는 것을 받아들이기 힘들었다. 나에게는 이것이 스스로 삶을 죽이는 것처럼 느껴졌다.

나는 비혼주의자였고, 반생식주의자였다. 결혼에 관해서는 단순히 하고 싶지 않다는 수동적 입장이었지만 경우에 따라서 결혼 후의 삶에 대해 자신이 원하는 바를 실현하고자 하는 확고한 전망과 비전을 가지고 있다면 할 수도 있는 것 정도로 생각했다. 하지만 나는 아이를 낳는 것에 있어서는 타협이 없는 완고한 반대의 입장을 갖고 있었다. 그러므로 어떤 의미에서 나의 섹슈얼리티는 아이를 낳지 않으려는 것에 가장 큰 영향을 받았다고 할 수 있다.

아이를 낳지 않기 위해서 결혼을 하고 싶지 않았고, 결혼을 하지 않기 위해서 낭만적 연애를 진부하게 여겼던 것이다. 말하자면 나는 삶의 모험 전부를 가정에 투여하고 가계를 보존하고 확대하고 재생산하는데 기여하고 싶은 생각이 전혀 없었고, 이것이 나의 섹슈얼리티를 형성했다. 가정을 만드는 것을 목적으로 하는 사랑과 연애의 관점에서 나란 인간은 파트너로서의 자각이 없는 무책임한 파트너였다. 그 후 시간이 지나 결혼을 했지만 나는 여전히 아이를 낳지 않은 채 반생식주의자로 살아가고 있다. 그러나 여기에 한 가지를 더 추가해야 할 게 생겼다. 그것은 바로 고양이다.

사전적 의미에서 섹슈얼리티는 성적 정체성, 성적 지향, 성적 취향 등을 일컫는다. 그 정의에 따르면 나는 반생식주의 이성애자 남성일 것이다. 그러나 난 이것이 나의 섹슈얼리티를 설명해준다는 것에 거부감을 느낀다. 고양이가 빠져 있기 때문이다. 내가 고양이를 기르며 고양이들과 함께 산다는 것이 빠진 나의 섹슈얼리티에 대한 설명은 큰 무언가가 빠졌다는 느낌을 감추기 힘들다. 왜냐하면 나는 결혼을 하고 그 결과로 아이를 낳은 것이 아니라 고양이를 낳았기 때문이다. 자식과 가정이 섹스의 결과라고 한다면, 내 섹스의 결과는 고양이였다.

그래서 보다 정밀한 언어로 나의 섹슈얼리티를 표현하자면, 나는 동종생식 금지를 외혼의 특수한 형태로 요구하는 이성애자 남성이다. 이 남성의 번식-욕망은 같은 종에게 자신의 유전 코드를 복제하거나 전달하는 것이 아니라 다른 종에게 이식시키고 싶어 하는 것이다. 나와 섹스하는 여성에게서 고양이가 태어나게 만드는 마법과 과학에 대한 욕망.

나는 프랑켄슈타인을 창조한 소설가 메리 셸리나 혼종 괴물을 탄생시킨 고딕 호러물을 쓴 H. P. 러브크래프트의 세계관에서의 섹스를 떠올린다. 그것에는 번식이 곧 되기가 될 수 있는 전환의 요소가 있다. 즉, '되기'라고 하는 것은 자신의 유전 코드를 전달하고 또한 타자의 유전 코드를 받아들여 코드를 합성하고자 하는 번식-욕망이 '되기'라는 창조적 욕망으로 전환된 것이라고 말이다.

이전의 시대에서 그런 욕망은 생식 행위에 대한 억제를 통해 이룰 수 있는 것이라고 믿어 왔고 종교, 철학, 예술에 투신하는 사람들은 그런 이유로 비생식적 섹슈얼리티를 찬양해왔다. 섹스와 생식에 대해 분자적 수준에서 통제 가능한 기술이 발전한 지금의 시대에 와서 우리는 번식-욕망과 되기-욕망 사이에 어떤 금욕적 절단을 수행하지 않고도 이 둘 사이가 쉽게 전환될 수 있다는 사실을 잘 알고 있다. 되기-욕망을 위해 번식-욕망을 희생할 필요가 없어졌다.

가령 리처드 도킨스의 유전자론은 소위 말해 자연 선택이란 것도 그 표현형에 있어서 생활 공유자 혹은 환경 공유자들 간의 선호 선택임을 보여준다. 예를 들면 내가 길고양이들에게 밥을 주는 행위는 고양이와 인간 사이의 관계를 새롭게 조성해 돌연변이 유전자를 가진 고양이와 인간들을 탄생시킬 수 있으며, 그런 변이 유전자가 우세하도록 환경을 만들 수 있다. 유전자 정보에서조차 자연적인 것과 비자연적인 것, 물질적인 것과 비물질적인 것이 섞여 있다.

그러므로 '되기'는 비생식적 '번식'이며, '번식'은 곧 생식적 '되기'이다. 우리는 우리의 유전자 정보를 자식에게 전달할 필요가 없다. 사회에다 직접 남길 수 있다. 동성애, 트랜스젠더 등의 섹슈얼리티가 특별하다면 그것이 번식-욕망을 되기라는 존재론적인 창조적 욕망으로 전환될 가능성이 높기 때문이다. 그 되기란 것은 브라질의 정신분석가인 가타리주의자 수에리 롤니크가 말했듯이 사회적 창조 즉, 사회적 '임신'이다.

"이 사회의 기반은 남근중심적 주체성 생산양식이다. 즉 자본-위신-권력의 축적이 유일하게 지도적인 원리다. 여타의 욕망의 정치는 도구화된 대상이다. 이러한 생산양식은 현행 형식들을 파괴하고 새로운 형식들을 계열적으로 생산하는 방향으로 점점 가속화하는, 삶의 요구로부터 분리된 과정을 포함한다. 이러한 생산양식 속에서 억압되는 것은 경험되는 과정들에 대한 감수성에 기반한 존재형식들을, 그 과정들만큼이나 복잡하고 다양한 형식들을 창조할 가능성이다. 달리 말하면 억압되는 것은 일종의 "임신 기능"이다. 즉 타자성에 의해 풍부해지며, 새로운 경험 형상화에 부과되는 존재형식들의 부화를 위한 수로로서 기능하는 힘(역능). 억압되고 있는 것은 정확히 그 여성-되기가 아닌가?"[40]

그리고 또한 되기는 나와 고양이의 관계처럼 자본주의 시스템에 복무하는 가족 양식이 아닌 새로운 "사교 양식"을 만들어 내는 것이기도 하다. 이에 대해 펠릭스 가타리는 〈기계적 무의식〉에서 다음과 같이 말한다.

"자본의 정치는 탈영토화하는 기계적 혼란에 끼인 사회구성체와 배치를 재영토화하는 데 있다. 자

---

40) Félix Guattari, Suely Rolnik, <Molecular Revolution in Brazil>(1986, Semiotext(e), 2007). [국역본] 펠릭스 가타리, 수에리 롤니크, <미시정치>(윤수종 옮김, 도서출판b, 2010), p.135

본주의적 구속에서 벗어나는 것은 의고적 영토성으로의 회귀의 정치를 통해서가 아니라, 추가적인 탈영토화 정도를 넘어섬으로써 진행된다. 기계적 욕망이라는 배치의 프로그램은 (…) 스스로의 고유한 활동에 맞게 인간생활과 사회생활을 기초지우는 데 있다. ***분열분석적 전망은 이행 구성요소 안에서 (…) 새로운 주체화와 사교양식을 창조하는 데 있다.***"[41]

그래서 고양이 되기는 어떻게 가능한가? 고양이-되기는 고양이와의 새로운 관계 맺음 혹은 고양이와의 사교양식을 창조하는 것이다. '되기'란 곧 관계의 발명이다. 기존의 관계, 습속, 관습, 체제의 관계가 아니라 새로운 관계에 대한 욕망, 열망에 의해 만들어지는 새로운 결연, 맺음, 결속이다. 이 되기 즉, 관계의 발명은 우리의 습관을 파괴하는 사랑과 연관을 맺는다. 이 사랑은 다음의 모습을 갖는다.

먼저 도주선이라는 자유의 모습이다. 자유는 구속력과 싸우는 것이 아니라 구속 상황을 미리 피하는 것에 있

---

41) Félix Guattari, 〈L'inconscient machinique〉(Recherches, 1979). [국역본] 펠릭스 가타리, 〈기계적 무의식〉(윤수종 옮김, 푸른숲, 2003), p.267. 강조는 필자.

다는 엘리아스 카네티의 〈군중과 권력〉의 전언에 따라 대항성의 첫 번째 모양은 탈주요, 도주다. 도주에서 우리는 욕망의 분자 수준으로 우리 자신을 해체시킬 수 있다.

사랑의 두 번째 모습은 구속을 피할 수 있는 상황을 창출하는 것이다. 그것은 대항 사랑을 위한 시공간을 창조하는 것이다. 축구는 사각형 안에서 공간을 창출하는 게임이다. 공간을 창출하기 위해 축구는 전술과 포메이션을 짠다. 그것이 '배치'다. 대항 사랑에는 전쟁 기술이 필요하다. 사랑에는 은둔지, 지하 벙커와 참호, 자치구, 해방구, 터널과 통로가 필요하다. 그것은 자연적, 사회적, 문화적, 생태-환경적 조성을 새롭게 하는 것이다. 그 배치는 기사도 정신과 같은 어떤 행동과 행위에 대한 서약일 수 있으며, 선언일 수도 있고, 조직이나 기관 혹은 제도의 창안일 수도 있다. 중요한 것은 배치가 환경을 조성하는 기호 행동임을 인식해야 한다는 점이다.

사랑의 세 번째 모습은 도주와 배치가 함양되어 드디어 대항력으로, 실질적인 현실 지배력으로 출현하는 것이다. 새로운 하나의 기호가 현실 지배력을 갖는다는 것은 새로운 관계 맺음의 그 기호적 양식이 우리의 몸과 정신을 지배한다는 것이다. 가타리는 이것을 새로운 주체화와 사교 양식으로 부른다. 나는 사랑의 이 세 모습을 간단하게

'도주, 배치, 그리고 양식화'라는 세 개의 논리로 생태적 진화 혹은 사회 혁명 법칙에 대한 일반 이론으로 정식화할 수 있다고 생각한다.

나가는 말
_ 먹는 존재, 먹히는 존재

조디 포스터가 주연하고 조나단 드미가 감독한 영화 '양들의 침묵'을 최근에 다시 볼 기회가 있었다. 국내 개봉 때 영화를 봤지만 특별한 감상은 없었다. 한국에서는 생소했던 이상성애 질환자의 여성 납치 연쇄 살인이라는 소재가 꽤나 충격적이었다는 것만 기억하고 있었다.

그와 함께 여성 FBI 프로파일러가 주인공 나와 전대미문의 식인종을 상대로 치열한 심리 게임을 벌이고 주도한다는 설정도 무척 인상 깊게 남아 있었다. 30여 년도 더 지난 1991년도의 영화를 다시 보게 된 것은 그렉 개러드가 쓴 〈생태비평〉[42]에서 흥미로운 비평을 발견했기 때문이었다.

비평의 내용은 이 영화가 동물 잔혹의 주제를 메타포로 드러냈지만 다른 한편에선 어차피 그게 메타포로써의 의미 이상을 갖기 어렵기에 동물 잔혹의 주제를 지우고 있다는 것이었다. 그러면서 이 영화가 한편의 동물 우화집으로 읽힐 수 있는 근거로 주요 캐릭터의 이름이 모두 동물과 관련되어 있다는 점을 든다. '한니발'은 로마와 전쟁을 벌였던 카르타고의 장군 이름이기도 한데, 카르타고 사람들은 개를 먹었다는 기록이 전해져 온다. '클라리스 스털링'은 찌르레기를, 희생자 '캐서린 마틴'은 흰털발제비를, 살인자 '버팔로 빌'은 사냥 및 껍질 벗기기와 관련되어 있다는 것이다.

하지만 이런 정보는 '양들의 침묵'을 극장에서 볼 때는 전혀 내 머릿속에 들어와 있지 않았다. 지금도 그때 영화를 같이 본 친구들에게 그 영화가 동물 잔혹의 서사를 다루었다고 평가하면 다들 대체로 어리둥절한 표정을 지을 것 같다. 마침 그 글을 읽을 당시 뉴스에서는 사회적 약자를 대상으로 한 무차별적 흉악 범죄에 대한 보도가 많았고, 그 범죄들을 일종의 사회 현상으로 간주하고 그를 우려하는 이들도 주변에 많아지고 있었다. 그리고 길고양이

---

42) Greg Garrard, <Ecocriticism>(Routledge, 2004). [국역본] 그렉 개러드, <생태비평>(강규환 옮김, 서울대학교출판문화원, 2014)

사냥과 같은 범죄자들의 범죄 이전의 동물 학대 경험이 화제에 오르기도 했다. 그래서 나는 '양들의 침묵'이 동물 잔혹사를 어떻게 다루었는지를 확인하기 위해 다시 보기로 했다. 다시 보면서 이 영화가 참 걸작이라는 생각을 새삼하게 되었다.

이 영화의 카메라가 은밀하게, 그러나 집요하게 추적하면서 보여주는 게 있다. 이 영화의 카메라는 연쇄 살인사건의 범인을 추적하는 내러티브를 쫓는 게 아니다. 내러티브는 범인 추격에 맞춰 자연스럽게 흘러가지만 중간중간 주인공 스털링을 통해 여성에 대한 일상적 성희롱, 여성차별과 남성 지배의 장면을 끈질기게 보여준다. 따라서 스털링이 우물에 빠진 희생자를 구하려고 위험을 무릅쓸 때 그 자신의 여성 잔혹 현실과 싸우는 것과 같다는 생각을 관객으로 하여금 하게 만든다. 그 점에서 '양들의 침묵'은 페미니즘 영화라고 할 수 있다.

한편, 내가 읽었던 책에서처럼 분명 이 영화는 동물 잔혹에 대한 메타포를 적절히 사용한다. 스털링이 잠들 수 없는 것은 어렸을 적 한밤중 농장에서 들려오던, 도살당하는 양의 비명 때문이다. 그녀는 양을 살리기 위해 양을 들고 몰래 도망가지만 끝내 실패한다. 이후 그녀 삶에서 그 비명은 멈춰지지 않고 머릿속에서 내내 울리고 이 때문에 그녀는 극심한 불면증에 시달린다.

스털링의 이런 비밀을 알아채는 것은 비상한 두뇌를 지닌 한니발이다. 한니발은 그녀를 둘러싸고 있는 단단한 갑옷의 자물쇠를 풀고 그녀의 비밀을 그녀와 공유한다. 한니발만이 스털링이 양을 구하지 못했기 때문에 우물에 갇힌 여성 희생자를 구하려 한다는 것을 안다. 이것은 스털링과 한니발 사이의 감정적 관계를 암시할 수밖에 없다. 영화는 동물 잔혹이 여성 잔혹의 메타포가 되고, 또 그만큼 관점을 바꾸면 여성 잔혹이 동물 잔혹의 메타포가 되기도 하는 등 두 역사는 서로를 엮으며 내러티브의 감정선을 쌓아 올린다.

단 한 번 여성 잔혹과 동물 잔혹이 충돌하는 장면이 나온다. 우물에 갇힌 여성 희생자 마틴이 버팔로 빌의 푸들 강아지를 포로 삼아 살아남으려 하는 장면에서다. 다행히 영화는 구조된 마틴의 품에 푸들 강아지가 안겨 있는 모습을 보여주면서 여성 잔혹과 동물 잔혹의 동일시를 강화하는 것으로 끝맺는다. 그리고 스털링은 마틴을 구함으로써 비로소 밤새 우는 양의 비명에서 벗어난다. 그러나 불면증을 극복하는 이 결말은 동물 잔혹의 주제를 지우는 것이 맞다. 마틴을 구하는 것은 실제 양의 운명과는 상관없는 마음속의 양을 구하는 것이기 때문이다.

이 영화에서 가장 흥미로운 인물은 단연 식인종 한니발이다. 원래 이름에서 추론되기로는 개를 먹는 사람이지만, 그는 인간을 먹는 인물로 그려진다. '양들의 침묵'에서 가장 충격적이고 그만큼 아름다운 장면 중 하나는 한니발이 동물 고기를 먹지 않고 거부하는 장면이다. 감옥의 식사로 제공된 양고기를 한니발은 보기만 할 뿐 어떤 식욕도 못 느끼는 것처럼 보인다. 간수에 의해 양고기가 배달된 것은 한니발이 마침내 스털링의 비밀에 대한 해독을 마친 뒤였다.

사랑의 감정이 상대의 비밀을 알고 싶은 것에서 비롯되는 것이고, 비밀을 공유하는 것이 평범한 남녀 관계 이상을 의미하는 것이라면 양고기를 먹지 않는 한니발의 행동은 사랑에 빠진 사람의 그것으로 볼 수도 있다. 스털링이 갖고 있는 비밀은 자신의 친족에 의해 도살당하는 양을 구하려는 어린 소녀의 마음이며, 한니발의 행동은 그 마음을 지켜 주려는 것으로 해석될 여지가 충분하다.

물론 한니발은 식인종이므로 양을 먹지 않는 것이 사랑에 의한 전이인지에 대해서는 불분명한 채로 남을 것이다. 한니발은 양고기를 거부하고 그 자리에서 양고기를 들고 온 간수를 물어 뜯는다. 한니발은 친족이건 수사관이건 여성 잔혹 현실의 가해자인, 양고기를 먹는 스털링 주변의 남자들과 자신을 분리, 구별하기 위해 인간을 먹는다.

한니발은 인간이 동물을 먹을 수 있는 이유를 알고 있다. 동물을 먹음으로써 인간은 자신과 동물을 구별한다. 여성을 동물로 취급하고 차별함으로써 남자는 자신과 여자를 구별한다. 이것을 알고 있는 한니발은 더 상위의 차원으로 올라서고자 한다. 동물을 먹지 않고, 동물을 먹는 인간을 먹음으로써 인간 일반과 자신을 구별한다. 한니발은 자신을 인간을 넘어선 인간, 초인(超人)으로 여긴다.

닥터 한니발은 자신의 환자였던 버팔로 빌이 성전환자가 아니라 자신을 성전환자라 착각하는 정신질환자라고 진단한다. 어떤 의미에서 그것은 한니발 자신에게도 적용되는 말이기도 하다. 자신을 초인으로 착각하는 정신질환자. 그러나 스털링이 여성 잔혹의 극복을 통해 동물 잔혹의 주제를 잠재울 수 있었던 반면, 역설적으로 동물 잔혹의 주제를 계승하고 있는 것은 한니발이다.

한니발은 모든 사랑이 사라진 뒤에도 혼자 남아서 사랑의 맹세와 약속을 지키는 사람처럼 보인다. 그러므로 이 홀로 남은 식인종 한니발에 대한 아이디어를 더 밀고 나가는 게 내게는 의미 있어 보였다. 먹는 것의 윤리에 대해 더 이상 생각하기를 멈춘 인간, 자신이 먹히는 것에 대해선 한번도 생각해본 적이 없는 인간만 남은 이 지구에서 홀로 자신이 먹는 것에 대해 골똘히 생각하는 인간, 먹고 먹히는 것에 대해 사색하는 인간. 어쩌면 인류를 절멸시키고 *인간 이후* 이 지구의 지배자일지도 모를 초인, 한니발.

먹는다는 것과 먹힌다는 것. 자연은 냉혹하다. 자연은 인간적인 생존 조건에 대한 어떤 고려도 없으며, 인간의 생존을 자연 체계 속으로 무자비하게 집어넣는다. 먹고 또한 먹힌다는 것은 자연에서 당연하며, 자연은 그에 대해 일말의 동정심도 갖지 않는다. 먹는다는 것은 항상 누군가의 생명을 먹는 것이며, 먹힌다는 것은 항상 나의 죽음을 고기로 제공한다는 것을 의미한다.

사드나 홉스를 비롯해 니체에 이르기까지 폭력의 사상가들은 인간의 공격성과 폭력성은 이러한 자연으로부터 나오는 것으로 파악한다. 그리하여 폭력 사상 특히, 사드는 이 악마적 자연법을 말 그대로 인간의 보편법으로 사회에 도입하고자 한다.

사드는 사회가 자연이 지닌 폭력성을 무화하려고 시도하는 것이 불만이다. 그는 자연의 일부에 불과한 인간의 폭력성을 완화하며 비착취적 사회 관계가 존재할 수 있으리란 헛된 기대와 망상을 유포하는 것에 반대한다. 비착취적 관계란 본래적으로 지구에 존재할 수도 없으며, 존재한

적도 없으므로 그에게는 먹고 먹히는 폭력적 쾌락만이 생명에게 유일하게 주어진 길이다.

폭력 사상은 자연의 폭력성(힘에의 의지)를 절대화한다. 폭력성의 절대화는 혁명적 폭력과 반혁명적 폭력, 범죄와 위반, 욕망의 초개체적 집단성과 전체주의적 파시즘을 구별 불가능하게 만든다. 니체의 가치-주인의 논리나 사드의 보편법으로써의 자연법이나 '나는 먹을 수 있기 때문에 먹을 뿐이다'라는 동어반복적 생의 논리로 귀결된다.

폭력성 이론은 혁명과 반혁명을 구별하지 못하며 폭력의 영원한 카오스와 악순환으로서 역사를 인식한다. 폭력성 이론은 먹는 것에 대해 고민하지 말 것을 선동하고, 먹는 것에 대한 죄책감을 지우고자 한다. 그 결과 먹는 것은 폭력이 아니라 커다란 사치, 존재적 풍요로움을 과시하는 귀족적 양식이 되었다. 인스타그램의 모든 콘텐츠는 (남들은 갖지 못하는) 날씬하고 아름답고 젊은 근육질의 몸과 (남들은 먹지 못하는) 식도락으로 이루어져 있다. 사치스러운 음식을 먹는 사치스러운 몸.

바타이유는 사드나 니체와 비슷한 사상가로 보이지만 그들과는 상당히 다르다. 바타이유는 위와 같은 폭력의 보편법으로써 먹고 먹히는 것을 인정하면서도 그 보편법을 능가하는 '최고권(Souveraineté)'[43]이야말로 진정한 생의 논리라고 주장한다. 바타이유는 인간을 동물로부터 구별되게 하는 것은 바로 먹는 것에 대한, 먹는 행위에 대한 수치심과 부끄러움에 있다고 생각했다.

바타이유에게 인간은 먹을 수밖에 없는 나약한 존재다. 〈에로티즘〉에서 바타이유는 인간적 부끄러움의 연원을

---

43) 프랑스어 souveraineté은 여성명사로써, 사전적 의미만을 살펴보면 ①(군주의) 최고권, 지상권, 왕권, ②주권, 통치권, ③(비유적인 뜻에서) 절대적인 힘, 지배력을 뜻한다. 바타이유의 souveraineté의 의미와 그 번역에 대해 최정우는 이렇게 말한다. "바타이유는 자신의 'souveraineté' 개념이 국제법상의 국가적 주권 등의 개념과는 아무런 상관이 없으며 오히려 인간의 삶과 관련해 노예적이고 종속적인 상태에 반대되는 측면을 가리키는 것이라고 분명하게 밝히고 있다. 이러한 관점에서 나는 이를 일단 '지고성(至高性)'이라는 번역어로 옮기는 것이 타당하다고 생각한다. 다만 이 단어가 지니고 있는 '주권'의 의미 또한 결코 간과되어서는 안 되는데, 좁은 의미의 국가/국민 주권이라는 뜻에서가 아니라 넓은 의미의 정치적 삶의 주체가 지닌 주권이라는 뜻에서라면 '주권'이라는 번역어 역시 정당하게 통용될 수 있다고 생각하기 때문이다."(바타이유의 유물론과 문학적 전복, <현대 비평과 이론>, 2009년 봄/여름호.)

그 외 souveraineté를 '자주성'으로 번역한 문헌도 눈에 띈다. 존 레웰린, <데리다의 해체주의>(문학과지성사, 1988)에서 서우석 등이 채택한 번역이 그렇다. '자주성'이란 번역어도 내 흥미를 끈다. 나는 이 책 본문에서 대체로 문맥에 따라 '주권'과 '최고권'을 번역어로 채택했다. 생명과 인간 앞에 있는 죽음의 절대성을 생각해볼 때, 그리고 죽는 것에 대한 두려움에 반한 위반으로써의 자기 소멸의 의지, 소유권에 반하는 절대적 소진과 순수한 낭비에의 의지 등 바타이유적 의미를 더 잘 드러내는 것으로써 번역어는 '최고권'인 듯하다.

고기와 피를 얻기 위한 동물 살해에 대한 죄의식에서 찾는다. 자연이 증여의 형태로 인간에게 내준 것에 대한 부채의식이 부끄러움의 기원이다. 그리고 그는 인간 의례의 본질은 이 부채를 자연에게 되갚는 희생 제의적 제도였다고 주장한다.

축제는 생산물에 대한 폭력적 소비이며, 인신 공양 또한 스스로에게 가하는 과잉 폭력을 통해 동물에 진 부채를 되갚는 행위였다는 것이다. 이는 먹는 것을 먹히는 것으로 되갚는 것으로써, 이 되갚는 행위야말로 법을 능가하는 최고권이다. 최고권은 먹는 것에 있지 않고 먹히는 것에 있다.

먹고 먹히는 것을 인정함으로써 바타이유 또한 한편으로는 폭력의 사상가라 말할 수 있을 지 모른다. 그러나 그에게 인간은 동물과 마찬가지로 먹지 않으면 살 수 없는 나약한 존재다. 이 나약한 존재가 강한 존재가 되는 것은 먹히는 것으로 자신을 내어줄 때 뿐이다.

바타이유의 폭력은 조건 없는 내어줌이라는 광폭성, 희생제의적 순교가 지닌 광폭성이다. 일종의 폭력의 윤리로써 자기 폭력의 사상이다. 생의 논리 중 그 최고는 자기 소진의 권리다. 이것이 또한 경제가 추구해야 할 방향을 명시한 바타이유의 일반경제학[44]의 기본 원리를 이룬다.

경제의 목적은 이윤과 축적이 아니라 잉여의 완전한 소진을 통해 늘 재건과 갱생의 상태로 되돌리는 것에 있다. 존재의 창발성과 새로움은 소진 속에서만 싹틀 수 있다. 진정한 새로움의 시작은 물자, 인적 자원, 지식정보 등 모든 것을 포화 속에 폭력적으로 소비하는 전쟁 뒤에 온다. 전쟁은 희생 제의적 경제의 중심 산업이다.

자크 데리다는 바타이유를 다룬 〈제한경제학에서 일반경제학으로〉[45]에서 바타이유가 헤겔을 어떻게 비판하고 있는지를 분석한다. 데리다는 바타이유를 빌어 헤겔의 주인과 노예의 변증법을 독해하며 이렇게 주장한다.

> "가공한다는 것은 자신의 욕망을 억제하고 사물의 소멸을 지연시키는 작업이다. 살아 있고 생명을 유지하며, 일하고 쾌락을 연기하며, 생명의 도박을 제한하고, 죽음과 정면 대결을 하는 순간조차 죽음을 압도하는 것, 그러한 것이 지배의 노예적 조건이

---

44) Georges Bataille, <La Part Maudite>(The Accursed Share: An Essay on General Economy, Les Éditions de Minuit, 1949). [국역본] 조르주 바타이유, <저주의 몫>(조한경 옮김, 문학동네, 2000)

45) Jacques Derrida, <L'écriture et la difference>(Éditions du Seuil, 1967). [국역본] 자크 데리다, <글쓰기와 차이>(남수인 옮김, 동문선, 2001)

고, 지배가 가능하게 만드는 모든 역사의 노예적 조건이다."[46]

'농노(Servus)'는 생명이 지켜지기를 원하는 사람이다. 헤겔은 주인이 농노와 달리 진리를 위해 생명의 위험을 무릅쓰는 자라고 말한다. 그런 점에서 주인은 노예에 대해 우월하다. 그러나 주인은 자신의 절대적 우위를 증명할 수 없다. 왜냐하면 죽음의 수단에 의한 지고성(절대적 우위)의 증명은 동시에 자기의 확실성 일반을 말살할 것이기 때문이다. 따라서 주인은 생명의 위험을 무릅쓰지만 다른 한편 생명을 지켜야 할 필요성을 가진다. 이 이율 배반이 "생명의 경제"[47]를 만든다.

그런데 바타이유는 헤겔이 철저하지 못하다고 비판한다. 바타이유가 보기에 헤겔은 갑자기 죽음 앞에서 멈춘다. 주인은 진리를 위해 죽음에 내기를 걸지만 결코 죽을 수는 없다고 함으로써 진리 작용을 억압한다. 아우프하벤(Aufheben, 지양, 止揚) 상태에서 주인이 된 노예는 억압된 노예다. 바타이유에게 있어 결국 헤겔의 지고함은 가소로운 속임수이며, 아우프하벤은 제한경제학에 불과하다.

---

46) 자크 데리다, 위의 책, p.402

47) 자크 데리다, 위의 책, p.402

"생존으로서의 생명의 경제만 있다면 오직 자아의 보존, 순환, 재생산만 있을 것이다."[48]

헤겔의 주인과 노예의 변증법을 먹는 것과 관련해 생각해본다. 노예는 먹는 것(생명의 유지와 보존)에만 속하려고 한다. 그래서 먹히는 쪽보다 먹는 쪽에 서려는 것이 노예의 투쟁이 된다. 반대로 주인은 내어주는 것(죽음)에 매혹되어 몸을 던지는 존재다. 그것은 생명의 자기 보존의 의지에 역행하므로 그는 위반의 존재다.

헤겔의 주인과는 달리 여기서 주인은 먹는 것과 먹히는 것 사이의 관계를 넘어 다른 차원으로 이행하고자 한다. 주인은 먹히는 것을 내어줌으로 전환할 수 있는 주체다. 두려움을 도전으로 바꾼다. 그러므로 주인은 언제나 노예에 대해 우월하다. 주체의 내어줌이야말로 모든 것의 최고권이다. 먹는 것은 보다 높은 단계인 주는 것, 먹히는 것의 하위적 가치에 불과하다. 소진적 욕망이 일차적이며, 생존은 이차적이다.

헤겔의 주인과 노예의 변증법에 내재된, 먹는 것에만 충실하려고 하는 생명의 경제에 대한 바타이유적(또한 데

48) 자크 데리다, 위의 책, p.403

리다의 것이기도 한) 비판은 오늘날 대단히 중요하다. 인간 독단적인 지구적 자본주의 체제에 대한 비판을 이미 선취하고 있기 때문이다. 지구의 생태와 자원을 인간의 이해관계에 따라 적극 관리하려는 현재의 자본주의 체제는 목축업 아니, 생명의 축산업 체제를 점점 더 강화하고 있다.

축산업의 대상은 '가축'이다. 가축은 가정(家庭) 동물, 그러니까 완전한 동물과 달리 인간의 이해와 필요에 따라 개발된 반인(半人) 동물이다. 가축은 전지구적 축산 체제에서 모든 물질과 자원이 갖는 새로운 존재적 양태다. 심지어 인간 스스로도 전지구적 축산 체제의 관리 대상인 가축에 속한다.[49]

유전자 변형 기술부터 인공 장기와 같은 생체 공학 기술, 그리고 생체 공학과 인공 지능 기술의 결합 등은 지구의 모든 물질을 인간을 위해 자원화하는 방향에 맞추고 있다. 그리고 이 흐름에서 인간은 어디까지나 유일하게 먹는 존재로만 남으려는 의지를 공고히 하고 있다. 지구를 하나의 생명 농장으로 만들고, 인간의 필요에 따른 지구적 관리 체제로 이행하려는 이 경향을 지구의 인간화라 부를

---

49) 인간의 자기 가축화에 대해 비교적 자세하게 논의하는 것으로는 森岡正博, <無痛文明論>(トランスビュー, 2003)가 있다. [국역본] 모리오카 마사히로, <무통문명>(이창익, 조성윤 옮김, 모멘토, 2005). 특히, 1장의 논의를 참조하라.

수도 있을 것이다.

이런 상황에서 생태주의는 동물과 자연 생태계를 인간의 외부에 두고자 노력한다. 이 경향에서의 최선은 보존하고 내버려두는 것이다. 또 다른 경향의 생태주의는 인간과 자연이 함께 생태계를 이루고 살기 때문에 조화를 이뤄야 한다고 믿으며 생태계적 지양에 초점을 맞춘다. 발전과 개발의 지양 혹은 지속 가능성을 목표로 한 발전을 위해 노력한다.

하지만 이런 경향에서도 지속적으로 유지되는 것은 인간주의적 관점이다. 어디까지나 먹는 존재의 입장에서만 생각하고 있는 것이다. 먹고 먹히는 관계망에 대한 사유가 통째로 빠져 있다고밖에 말할 수 없다.

소설 〈파리대왕〉의 소년들은 돼지 사냥에 나서지 못하는 비겁한 소년을 '돼지'라고 놀리며 끝내 돼지 사냥 하듯 소년을 적대시하며 내몬다. 돼지 사냥은 '돼지'로 바뀐 소년, '돼지'로 정의된 소년을 향한다. 모든 적대와 혐오는 어떤 대상을 먹을 수 있는 존재로 만들기 위해서 필요한 것이다. 적대는 먹히는 것, 먹어도 되는 주체를 가시화하는 정치적 행위다. 먹히는 주체는 언제나 처음부터 먹히는 존재로 운명적으로 태어난 것처럼 가시화된다.

먹고 먹히는 관계에서, 생명을 유지하고 지속하는 필연성으로써 '먹는다'는 논리가 '먹히는' 존재를 간단히 지우며 내어줌의 윤리를 이기기는 너무나 쉽다. 그런 점에서 먹고 먹히는 것을 생각하지 않는 생태주의는 비정치적이며 순진하다.

'먹는다'와 '먹힌다'는 그 관계 자체로 하나의 큰 공동체를 의미한다. 그 공동체는 모두 먹고-먹히는 관계성 속으로 이미 들어와 있는 지구적 공동체 자체다. 좋든 싫든 우리가 받아들일 수밖에 없는, 먹고 먹히는 관계를 사유에서 배제하고서 동물에 대해, 자연에 대해, 생태계에 대해 생각할 수 있을까?

바타이유의 비판은 전지구적 자본주의 축산 체제에서 가능한 두 개의 생태주의 노선을 생각나게 한다. 하나는 한니발을 따르는 노선으로, 인구 소멸을 불러오는 식인종을 탄생시키는 것이다. 인구가 소멸될수록 지구는 모든 생명체에게 살기 좋게 변하리라는 것은 너무나 자명하다.

또 다른 노선은 인류 스스로 자기 소진의 윤리를 실천하는 바타이유의 노선을 따르는 것이다. 두 노선 모두 인류의 소멸을 향한다는 점에서 같다고 할 수 있다. 두 노선을 종합해 이렇게 말할 수 있으리라. 시적으로, 이렇게.

인간을 넘어선 새로운 종을 탄생시키는 것에 현재의 인간이 지닌 가능성 모두를 소진시켜야 한다고. 인간의 죽음은 아무도 얘기하지 않는 지구의 생태적 회복의 중심 문제다.

_신승철을 기리며

2023년 7월 2일, 신승철 박사가 급작스럽게 세상을 떠났다. 그와 나는 젊었을 때 사상가, 정신분석의, 사회 활동가였던 펠릭스 가타리의 열렬한 지지자로 만났다. 이후 그는 전문 연구자로서, 사회 활동가로서의 길을 걸었고 나는 평범한 생활인으로 살면서 간헐적으로 글을 쓰고, 간헐적으로 사회적 실천에 결합하는 길을 걸었다.

그와의 첫 공동 작업은 철학 에세이를 쓰는 것이었다. 그가 기획서를 나에게 가져왔고, 그 기획은 공동 작업이었지만 교차적 공동 작업이었다. 그가 한 권을 쓰고, 내가 다른 한 권을 써서 각기 독립된 책 한 권씩을 쓰는 것이었다. 각자 원고를 써오면 그것을 돌려 읽고 토론하고 수정하는 방식으로 이뤄졌다. 주로 내가 살던 집에서 작업을 했고, 긴 토론이 끝나면 함께 밥을 먹고 차나 커피를 마시며 더 이야기를 나누다가 잠들었다.

이후 그는 정력적인 글쓰기와 실천적 프로젝트에 매진했다. 우리는 간혹 이주 노동자, 성 노동자, 그리고 지금은 기본소득으로 알려졌지만 예전에는 사회적 소득이라고 불렸던 주제에 의기투합하기도 했다. 그리고 그는 가타리가 그랬듯 생태철학, 생태주의자의 길로 나아갔다. 우리는 가타리의 〈세 가지 생태학〉을 위대한 책이라고 생각했다.

나는 그와 멀리 떨어진 곳에 살아서 그의 연구소 '철학공방 별난', 그가 조직한 '생태적지혜연구소'에 가끔 들를 수 있었다. 그와 나는 고양이를 길렀다. 그와 나는 아이를 낳지 않았다. 우리는 그 이유를 서로에게 한 번도 묻지 않았다.

우리의 마지막 대화 주제는 가타리의 기호론이었다. 우리는 사변적 실재론, 신유물론으로 불리는 현재 유행하는 철학적 경향은 이미 가타리의 기호론에 있다는 얘길 나눴다. 그때 나는 가타리의 기호론을 원용하는 〈고양이 왕〉을 탈고하는 중이었다.

나는 이 책이 우리의 대화를 지속하기 위해 신승철에게 건네는 편지가 될 것이라 여겼다. 그러나 그는 편지를 읽지 못했다. 이 책의 운명은 유리병에 담아 강물에 띄운 편지가 되었다. 편안히 있으라, 다시 만나길 기다린다.

고양이 왕

채희철 지음

펴낸 날 | 초판 1쇄 2023년 7월 31일
펴낸 곳 | 포이에시스
출판등록 | 제420-2020-000012호
홈페이지 | poiesisbooks.com
이메일 | poiesis.kr@gmail.com
인쇄·제책 | 책과6펜스

ISBN 979-11-972641-9-1
값 16,000원